Le Premier

Grenadier

De France

PARIS

IMPRIMERIE PILLET ET DUMOULIN

5, rue des Grands-Augustins, 5.

Imp. Lemercier & Cie, Paris

Le Premier Grenadier de France
La Tour d'Auvergne

Le Premier
Grenadier
De France

LA TOUR D'AUVERGNE

Etude Biographique

PAR

PAUL DÉROULÈDE

PARIS

GEORGES HURTREL, ARTISTE-ÉDITEUR
35, RUE D'ASSAS, 35
1886

NOMS DES ARTISTES
QUI ONT PARTICIPÉ
A L'ILLUSTRATION DE CET OUVRAGE

MM. ÉDOUARD DETAILLE
BERNE-BELLECOUR
LE BLANT ET BAUGNIES
peintres

M. FERDINANDUS
dessinateur

MM. ALFRED LEMERCIER ET NORDMANN
chromistes

M. GILLOT
graveur

Sous la Direction de
M. GEORGES HURTREL

LIGUE DES PATRIOTES

Qui vive? FRANCE!

22, RUE SAINT-AUGUSTIN 22.

—

Paris le 12 février 188;

à Alfred Ernst

Mon cher ami,

Je tiens à inscrire ton nom sur la première page de ce livre, puisque votre modestie se refuse à le laisser imprimer à côté du mien sur le titre même de cette étude.

Je vous avais demandé de me servir de secrétaire pour le classement de notes et de documents sur la Tour d'Auvergne; vous avez tant et si bien fait que votre mise en ordre est devenue une véritable mise en œuvre.

C'est pourquoi, si absurde qu'il soit de dédier un livre à son collaborateur, je vous dédie à lui-ci, mon cher Ernst, d'un cœur ami et reconnaissant.

Paul Déroulède

PRÉFACE

Parmi les figures légendaires qui ont hanté mon enfance, entre le grand Ferré et le chevalier d'Assas, se dressait toujours, sublime et mystérieuse, l'image du Premier Grenadier de France. Une chose surtout me frappait : c'était ce cœur d'argent suspendu au drapeau du régiment; c'était aussi la réponse faite à l'appel quotidien de ce grand nom : « Mort au champ d'honneur ! »

J'ignorais à quelle époque précise il avait vécu, et mon esprit, frappé de cette grandeur simple, le plaçait volontiers dans le recul des temps héroïques. En vain le costume dont l'affublait l'imagerie populaire, en vain les dates mises au bas de chaque épisode m'avertissaient de mon erreur; je le croyais loin, bien loin de nous tous, par cela même que je le sentais beaucoup au-dessus.

Bien des années s'étaient passées depuis cette première impression, et, par une ingratitude naturelle, de plus grandes gloires nationales avaient effacé en moi le souvenir de ce bon serviteur de la Patrie. Profondément attaché à tous ces Français qui avaient laissé à la France mieux que des exemples, je m'étais surtout épris, au lendemain de la France défaite, de ceux-là qui avaient fait la France.

Un jour — il y a peu de temps de cela, — dans une de ces excursions à Paris auxquelles je me plais, quoique Parisien, j'entrai dans cet hôtel Carnavalet où sont réunis, depuis l'origine, les souvenirs de notre vieille cité. Dans une salle consacrée à la première République, et toute pavoisée de nos premiers drapeaux tricolores, j'aperçus, placée près d'une fenêtre, une petite vitrine[1], respectueusement isolée, sur laquelle étaient inscrits ces mots : « Épée de La Tour d'Auvergne ».

Ces seuls mots ranimèrent en moi toute ma piété d'enfant pour le vieux héros injustement oublié. A travers les tristesses des agitations politiques contemporaines, où chacun ne se meut que pour soi, je me sentis comme subitement consolé par l'évocation de

1. L'épée de La Tour d'Auvergne a été placée au musée Carnavalet, à la suite d'une décision du Conseil municipal de Paris. L'épée fut rapportée en France et remise au président du Conseil municipal par le général italien Canzio, gendre de Garibaldi; cette remise fut faite en la séance publique du 22 juin 1883.

cette figure si purement française, si noblement impersonnelle. Il me sembla entendre résonner à mes oreilles sa vaillante réplique au représentant du peuple qui lui proposait l'appui de son influence et s'informait de lui, s'il n'avait pas quelque chose à demander à la Convention : « Oui, citoyen représentant : une paire de souliers pour marcher à l'ennemi. »

Je le revis debout, au premier rang de la bataille, remplissant toujours et partout, avec trop d'abnégation peut-être, son rôle d'officier-soldat. Et même — pourquoi ne le dirais-je pas ? — je m'étonnais presque de cette obstination d'humilité, de ce refus du grade supérieur qui m'apparaissait par moment comme un refus de service ou comme une timidité d'âme inexplicable. Puis, songeant à toute cette bravoure, à toute cette prodigalité de soi-même, sans marchandage et sans inté-rêt, je compris que, selon sa propre parole, il avait tenu à honneur de ne pas faire de son ralliement à la République pour la Patrie un placement d'ambition et un débouché de carrière.

Sans doute, dans ses premières heures d'hésitation et de conflit, de cruels reproches avaient dû lui être adressés par ses anciens amis de la noblese. On avait dû le soupçonner et le suspecter ; et c'est à l'une de ces apostrophes qu'il a jeté un jour cette réponse : « J'appartiens à la Patrie. »

Oui, certes, La Tour d'Auvergne a appartenu à la Patrie. C'est pour elle qu'il a vécu et c'est pour elle qu'il est mort.

La légende lui avait déjà bien payé sa part de gloire, mais nous avons pensé que l'histoire lui devait son rang et qu'il grandirait encore à être placé dans la pleine lumière de la vérité. Et c'est pourquoi, après avoir pieusement touché la poignée de cette épée, relique d'un des plus humbles et des meilleurs patrons de la Patrie, je me suis senti pénétré du devoir de parler de La Tour d'Auvergne, et j'ai entrepris de réunir et de grouper, en une étude respectueusement sincère, tous les documents capables de faire de plus en plus connaître et de mieux en mieux juger cet homme de cœur ferme, de bon vouloir et de grande vertu.

LIVRE PREMIER

THÉOPHILE-MALO CORRET DE KERBEAUFFRET

BREVET DE
CAPITAINE
PAR LE ROI

CHAPITRE PREMIER

TERRE BRETONNE

La Bretagne est la partie de la Gaule où l'ancien type celte a été le moins modifié par la conquête romaine et par l'invasion franque.

Aujourd'hui encore, la race bretonne est restée fortement attachée à ses vieilles traditions et a gardé, presque intactes,

ses hautes vertus et ses naïves coutumes.
Son génie est fait d'opiniâtreté; l'étendue
peut lui manquer parfois, non la puis-
sance, et l'analogie est étroite entre la
nature même du sol et le caractère moral
des habitants. La côte armoricaine, les
landes du Cornouailles, les forêts du
Poher, l'âpre et sévère aspect de la péninsule celtique, annoncent une population
laborieuse, énergique, entêtée, rude au
travail comme au péril.

Tel pays, tel paysan; telle mer, tel
marin.

Hérissée d'ajoncs tenaces, la terre, ici,
est inféconde, rebelle aux cultures pro-
ductives, et condamne l'homme des campagnes à des efforts obstinément renou-
velés. Le granit et l'ardoise apparaissent
à tout endroit sous le tapis serré des
bruyères et froissent à tout instant le soc
de la charrue. La mer, sombre et violente,
tend au pêcheur une perpétuelle embûche.
Les cyclones d'Amérique viennent finir

sur la Bretagne, et l'invocation du matelot semble redire les mystérieuses épouvantes des nuits d'orage : « Secourez-moi, grand Dieu, à la pointe du Raz! »

Deux hommes, bien éloignés l'un de l'autre par le tempérament et les doctrines, ont décrit mieux que tous « la pauvre et dure Bretagne ». Michelet, dans ce *Tableau de la France* qui est peut-être son chef-d'œuvre, a fixé l'originalité saisissante de cette terre d'Armorique, sans cesse battue de tempêtes, et le caractère indépendant de la race qu'elle nourrit.

Brizeux n'a point compris de la sorte ce côté « héroïque » des paysages bretons; mais le sol qu'il chantait était pour lui le sol natal, et seul il en a su rendre le charme étrange. Seul, en des pages attendries, il a dit la grâce sérieuse, la poésie profonde de la lande, où pousse la *fleur d'or*, où des troupeaux de brebis broutent le gazon court et dur, et où vient gémir, à certaines heures, le long

sifflement du vent de mer. Seul, il a su
décrire les bois de chêne, de sapin et de
bouleau, les villages humbles, paisibles,
où le costume traditionnel est encore en
honneur, où les mœurs patriarcales du
vieux temps se transmettent inaltérées
de génération en génération. C'est dans
Marie, dans *les Bretons*, et dans quelques autres fragments des œuvres de
Brizeux, que se trouve la peinture la plus
fidèle, ou tout au moins la plus intime,
que l'on ait faite de la Bretagne et de la
vie bretonne.

Les hommes illustres de la Bretagne
incarnent au plus haut degré les qualités
dominantes de leur race, et, parmi eux,
les écrivains ne mettent généralement
pas moins de vigueur dans leurs ouvrages
que les capitaines n'apportent dans leurs
campagnes de décision et d'énergie.

Au neuvième siècle, Noménoé, premier
représentant de la deuxième dynastie des
comtes de Bretagne, repoussa victorieu-

sement les pirates du Nord qui assaillaient les côtes. Au quatorzième siècle, les héros ne manquent pas, et ils mènent grande prouesse ; aujourd'hui encore, entre Josselin et Ploërmel, le paysan salue le monument qui remplace le chêne de Mi-Voie, et montre avec orgueil au voyageur le lieu où fut livré le fameux *Combat des trente,* ce combat qui rendit à jamais immortel le nom de Robert de Beaumanoir. A la bataille de Rosebecque, c'est un Breton, le maréchal de Boucicaut, qui décide du succès de l'armée royale. C'est ce même Boucicaut, négociateur courageux autant qu'éminent chef de guerre, qui défendit avec opiniâtreté les intérêts de la France vaincue, lors du désastreux traité de Brétigny. Il devait donner aussi l'exemple du plus noble désintéressement, et, demeuré pauvre après sa glorieuse carrière, il a pu dire en toute justice : « Je lègue mon nom à mes enfants ; c'est assez de richesses

pour eux, s'ils savent dignement le porter; c'en est trop, s'ils ont le malheur de
le laisser déchoir. »

Une figure plus grande encore a effacé,
dans la mémoire du peuple, le souvenir
des Boucicaut et des Clisson. Bertrand
du Guesclin, le bras droit de Charles V,
le vainqueur de Cocherel, est le plus célèbre génie militaire qu'ait produit l'ancienne Bretagne. Entre tous, le *grand
connétable* a réuni les qualités guerrières
de ses compatriotes, l'audace, la bravoure, la promptitude du coup d'œil et
de la résolution, l'infatigable persévé-
rance que ne découragent ni les obstacles
ni les échecs. Soit qu'il défie Thomas de
Cantorbéry en combat singulier, soit
qu'il triomphe à Montiel et à Pont-Valain,
soit que l'ennemi, à Navarette, réussisse
à le faire prisonnier, il ne cesse pas un
instant de commander l'admiration. Du
Guesclin inspire une confiance patriotique à la nation comme au souverain; tous

l'aiment, tous croient en lui, et le considèrent comme le sauveur veritable du royaume : « Il n'y a fileuse en France, répond-il un jour au Prince Noir, qui ne filerait une quenouillée de laine pour payer ma rançon. »

Un siècle plus tard, le connétable de Richemond, achevant l'œuvre de Jeanne la Lorraine, chasse de Paris les troupes anglaises, et remporte la décisive victoire de Formigny. Celui-là encore appartient à la Bretagne. Mais, à côté de ces capitaines illustres, la vaillante province a produit aussi d'autres héros, corsaires ou chefs d'escadre. Sans arrêt, depuis quatre cents ans, elle donne à la France une élite de marins braves et habiles, parmi lesquels il suffira de nommer Duguay-Trouin.

De nos jours, la race armoricaine n'a pas dégénéré : elle continue d'être animée de la même sève vigoureuse, et enfante, sans jamais s'épuiser, des hommes de

cœur, de talent et de génie. Chateaubriand
et Lamennais sont nés à Saint-Malo, et
c'est un Nantais, Lamoricière, qui s'est
rendu digne d'être appelé le *Bayard du
dix-neuvième siècle*. Si enfin l'on parcourt
les douloureux champs de bataille de
1870, on en trouvera plus d'un, du pla-
teau d'Auvours au village de Loigny, qui
témoignent éloquemment de la valeur
bretonne.

Entre les nombreux héros dont la Bretagne a le droit de s'enorgueillir, il en est
un, soldat incomparable, à qui sa gloire
sans tache, reconnue et respectée des
partis politiques, assigne une place élevée
dans l'histoire nationale. Nous entrepre-
nons de raconter ici l'existence, toute
d'intégrité, d'honneur et de bravoure, de
Théophile-Malo Corret de La Tour d'Auvergne, Premier Grenadier des armées de
la République française.

CHAPITRE II

ENFANCE DE CORRET

Théophile-Malo Corret de Kerbeauffret est né le 23 décembre 1743, à Carhaix, d'Olivier-Louis Corret et de Jeanne-Lucrèce Salaün, dame du Retz.

Voici la teneur de l'acte de naissance de Théophile-Malo Corret, extrait des *registres des baptêmes, mariages et décès de la ville de Carhaix.*

4

« Théophile-Malo, né le 23 décembre 1743, fils légitime de noble maître Olivier-Louis Corret, avocat à la cour, sénéchal de Trébivan, et de dame Jeanne-Lucrèce Salaün, son épouse, a été baptisé le 25 dudit mois par le soussigné recteur. Parrain et marraine ont été les M. maître Théophile-Mathurin Huchet, sieur de Dangeville, conseiller-avocat du roi au siège de Quimper, et demoiselle Vincente Leroux de Kervasdoué, soussignés :

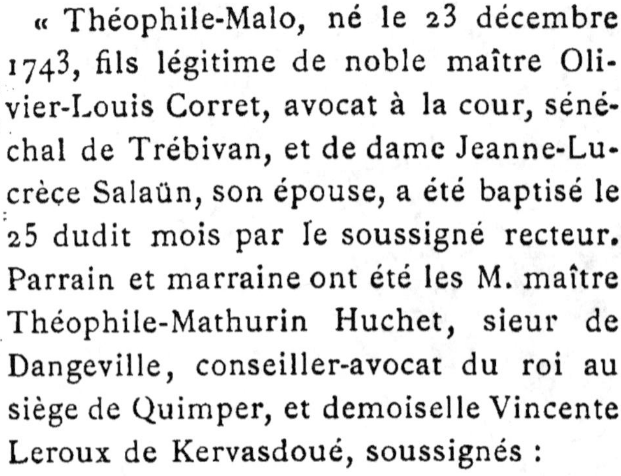

« Vincente - Jeanne Leroux, Huchet Dangeville, avocat, Bronnec de Botsey, la Dugentil Pourcelet, de Beauverger Pourcelet, Armelle Pourcelet, Beauverger Pourcelet, subdélégué, Botsey Guesno, Péronez, Corret, Trévoret Pourcelet, adjoint. L.-J. Veller, recteur de Plouguer et Carhaix. »

La mère de Théophile-Malo, Jeanne-Lucrèce Salaün du Retz, était veuve de Jean-Baptiste des Barons de Penandré Kerautrel, lorsqu'elle fut épousée en secondes noces par Olivier-Louis de Corret. Celui-ci était fils de Mathurin de Corret et de Marie de Quellinec des Barons du Pont. Les bisaïeux du Premier Grenadier de France furent Henri de Corret et Marie Dupuis de la Galauperie; ils se fixèrent en Bretagne, où ils étaient venus en même temps que la princesse Catherine-Henriette de La Tour d'Auvergne. Mais ici nous touchons, par les ascendants de Henri de Corret, à la famille du grand Turenne. Il sera reparlé dans la suite de cette parenté des Corret avec le célèbre maréchal. Disons seulement que cette généalogie se trouve, écrite de la main de Théophile-Malo, au dos d'un sien portrait, qui, en 1841, était au château de La Haye (près Carhaix), propriété de la petite-nièce du héros, Mme du Pontavice de Heussey, née Guillart de Kersausic. Quant à l'acte cité plus haut, il a l'utilité de fixer d'une manière précise la naissance du fils d'Olivier Corret au 23 dé-

cembre 1743, contrairement aux dates
du 23 juin et du 23 novembre adoptées
par quelques-uns de ses biographes.

Du mariage d'Olivier de Corret avec
Jeanne-Lucrèce Salaün naquirent encore
deux enfants, un garçon et une fille.
Le frère de Théophile-Malo, Thomas de
Corret, mourut à Paris en 1784. Quant
à la fille d'Olivier, Marie-Anne Michelle,
elle fut mariée à un avocat de Guingamp, M. Limon du Timeur, dont il
sera question plusieurs fois au cours de
ce récit.

Après la mort d'Olivier de Corret, sa
veuve épousa en troisième noces M. de
Billonnois, de qui elle eut une fille,
Henriette. Cette demi-sœur de Théophile-
Malo mourut jeune, avant qu'elle fût en
âge d'être mariée.

Quant à la terre de Kerbeauffret, dont
le nom s'ajoutait au nom patronymique
des Corret, elle est de peu d'étendue et
de médiocre valeur. Cette propriété,

située dans le voisinage de Carhaix, ne
cessa d'appartenir à la famille du Premier Grenadier de France qu'un certain
nombre d'années après la mort du
héros.

La ville de Carhaix, où est né Théophile-Malo Corret et où il a passé son
enfance, est actuellement un chef-lieu de
canton du département du Finistère;
éloignée de Quimper d'une cinquantaine
de kilomètres, elle est bâtie sur une
éminence, au bord d'un petit cours
d'eau, l'Hyère, qui se jette non loin de
là dans l'Aulne. Les rues de Carhaix sont
irrégulières, pittoresques, et il n'est pas
beaucoup de villes bretonnes qui aient
conservé une physionomie aussi caracté-
ristique. Comme on le verra plus loin,
Corret garda toujours une affection profonde pour sa ville natale, et il se sou-
venait avec attendrissement des paysages
familiers au milieu desquels il avait
grandi, de cette cascade de Saint-Her-

bauld qui brise une blanche nappe d'écume sur un colossal éboulis de rochers noirs, et de ce bourg de Huelgoët, dont l'église et le calvaire, animés de bas-reliefs et peuplés de statues, comptent parmi les monuments les plus magnifiques de la foi des anciens âges. Bien souvent, pendant les nuits du bivouac, Corret est revenu en pensée aux premières années de sa jeunesse, et s'est complu à retrouver dans sa mémoire les sites aimés de la campagne bretonne. Lorsqu'il se livrait avec tant de passion à l'étude des langues, de l'histoire, de l'archéologie et de la numismatique, c'était moins par goût d'érudit et de lettré que pour travailler à la gloire de la race celte, à l'honneur du vieux pays de Bretagne.

Pour Corret, comme pour beaucoup d'autres, le patriotisme local, fortifié des traditions de famille et des vives impressions de l'enfance, a été la base solide, l'assise durable d'un patriotisme plus vaste, plus complet, embrassant tout le pays et toute la nation. Quelquefois, il est vrai, les choses se passent différemment : dans les esprits faibles ou mal dirigés, l'équilibre des idées et l'ordre des devoirs peuvent se trouver détruits ; il est des cas, par malheur, où la petite patrie a fait tort à la grande. Mais les âmes véritablement saines ne connaissent point ces conflits entre deux sentiments qui doivent dériver l'un de l'autre. Corret nous en fournit la preuve ; il aima sa terre natale, c'est lui-même qui l'écrit, « d'un attachement sans bornes, » mais personne plus que lui n'eut la notion supérieure de la Patrie commune, de l'Etat, créé, organisé pour tous, et que tous sans exception sont tenus de servir. A cette Patrie, dont sa province ne formait qu'un fragment, il a donné chaque heure de son existence ; il lui a donné son affection, son obéis-

sance, son dévouement absolu ; il est
mort en combattant pour elle. Non content d'être bon Breton, il a voulu être
bon Français, et il l'a été, excellent entre
les meilleurs. Combien son caractère et
son rôle n'en sont-ils pas grandis, et,
dans l'avenir, quel élargissement su-
perbe de sa gloire !

CHAPITRE III

ÉDUCATION

Les premières années de Corret se
sont donc écoulées à Carhaix, avec des
séjours fréquents dans la terre de Kerbeauffret et les propriétés des parents et
amis de la famille. Son père, Olivier de
Corret, bon avocat et savant jurascon-
sulte, avait commencé cependant à lui

5

inculquer l'amour de l'étude : déjà le
jeune Corret répondait dignement aux
espérances de ce père, recherchait les
choses sérieuses plus que les distrac-
tions habituelles de son âge, et montrait
une très grande douceur, jointe à beaucoup de fermeté dans ses résolutions.
On n'a guère de détails sur sa mère,
mais l'on sait pourtant qu'elle était
d'une rare distinction d'esprit et de
cœur, et qu'elle prit une part capitale à
l'éducation de son fils. Celui-ci l'aimait
tendrement, faisait preuve à son égard
d'une vénération que rien ne put jamais
altérer, et se plaisait même, dans les
derniers temps de sa vie, à rapporter
aux leçons de sa mère tout ce qu'il con-
sentait à se reconnaître de mérite ou de
vertu.

Le jeune Corret fut mis au collège de
Quimper, lorsqu'il eut reçu dans sa
famille les premiers éléments d'instruction et que l'heure parut arrivée d'étu-

des plus complètes et plus régulières. Le collège de Quimper, dirigé à cette époque par les jésuites, avait une grande réputation dans toute la région ouest de la France : réputation justifiée, surtout en ce qui concernait la langue et la littérature latines.

Au dix-huitième siècle, l'éducation des jeunes gens avait un caractère d'extrême sévérité que nous ne connaissons plus aujourd'hui, fort heureusement, car l'on ne voit point que la rigide discipline des collèges d'autrefois ait produit d'habitude sur les élèves les résultats que les maîtres se flattaient d'obtenir. Mais si ce genre d'éducation, où la contrainte dégénérait parfois en violence, avait ses inconvénients graves et dangereux ; si, de plus, l'omission presque absolue des études scientifiques et les lacunes considérables que présentait l'enseignement de certaines matières, l'histoire par exemple, l'entachaient d'un vice sur lequel on ne saurait passer condamnation, il faut cependant, sous peine d'injustice, lui reconnaître quelques rares mais sérieux avantages. Le commerce incessant de l'antiquité familiarisait de bonne heure les jeunes esprits avec les vertus guerrières et le courage civique dont les héros anciens, particulièrement ceux de la République romaine, sont demeurés les illustres modèles. Si beaucoup d'enfants sans doute ne gardaient point de leurs travaux classiques une virile et durable empreinte, il s'en trouvait toujours quelques-uns qui y puisaient le goût des choses nobles, le désir des grandes actions, s'appliquaient à considérer la vie publique comme la plus honorable, la plus difficile et la moins lucrative des carrières, et comprenaient que tout citoyen doit adopter pour règle de conduite ce que notre vieille langue appelle si simplement « le bien de l'Etat ».

Personne mieux que le jeune Corret

n'était apte à profiter d'un pareil enseignement. Plus que tous ses camarades,
il dut s'enthousiasmer à la lecture de
Tite-Live ou de Plutarque, au récit de
ces beaux exemples de désintéressement
ou d'héroïsme dont la critique historique
n'avait pas encore ébranlé l'authenticité.
A un autre point de vue, ces années passées au collège de Quimper influèrent
sur la destinée ultérieure de Corret.
C'est là en effet qu'il commença de se
tourner vers la philologie, par une étude
approfondie du grec, du latin et du français, et par les comparaisons ingénieuses
que son esprit naturellement investiga-
teur était amené à faire, entre ces langues diverses et l'idiome bas-breton, que
lui-même continuait à parler avec nombre de ses amis de classe.

Les savants professeurs de Corret
furent enchantés de leur élève : ils ne
tarissaient pas en éloges sur son compte,
tant au sujet de son intelligence et de

son ardeur au travail que de la douceur
de son caractère. Ils signalèrent les heureuses facultés de l'adolescent à sa famille,
et vantèrent en particulier la correction
et l'élégance de ses compositions latines.

Lorsque Corret eut terminé ses huma-
nités, il quitta le collège de Quimper,
emportant l'affection de ses maîtres et
de ses camarades, et ayant déjà conçu,
bien que d'une manière un peu vague, le
plan de son ouvrage futur, les *Origines
gauloises*. Durant son séjour au collège,
il avait contracté des amitiés solides, que
le temps ne devait pas affaiblir, l'une
surtout, celle du jeune Claude Le Coz
de Plouévez-Porzay. Le Coz, entré plus
tard dans les ordres, devint archevêque
de Besançon.

Les parents de Corret désiraient voir
leur fils embrasser la carrière du droit;
mais ses rêves allaient ailleurs : son ima-
gination s'enflammait d'ambitions plus
périlleuses, et quelque respect qu'il eût

pour la profession honorée par son père, son choix s'était fixé sur le métier des armes.

Bien des circonstances concoururent à fortifier sa résolution. La guerre de Sept-Ans régnait alors en Europe. La triste défaite de Rosbach venait d'éveiller une poignante douleur dans toutes les âmes vraiment françaises, et d'inspirer aux jeunes courages le violent désir d'effacer l'injure subie, de relever le drapeau national qu'avaient laissé choir des mains indignes. Et Corret se rappelait les grands événements contemporains, dont on avait parlé maintes fois à la table de famille, et qu'il pouvait comprendre et juger maintenant : Fontenoy, Raucoux, Lawfeld, la prise de Berg-op-Zoom, les glorieuses aventures de La Bourdonnais et de Dupleix dans l'Inde, les prodiges de valeur, les miracles d'audace d'Yberville et de Montcalm au Canada.

Théophile-Malo s'ouvrit de ses projets

à son père et à sa mère. Ceux-ci, après réflexion, reconnurent qu'ils se trouvaient en présence d'une détermination raisonnée et solidement assise. Loin d'exiger que le jeune homme leur fît le sacrifice de la carrière de son choix, ils renoncèrent à leurs propres préférences. En conséquence, il fut décidé que Corret embrasserait l'état militaire, et, dans ce but, entrerait à l'école royale de La Flèche.

CHAPITRE IV

ANGOUMOIS - INFANTERIE

L'école royale militaire de La Flèche
fut créée par Henri IV, sur l'avis d'un gentilhomme, Fouquet de la Varenne. Les
jésuites la dirigèrent jusqu'à l'année 1762,
où ils en furent dépossédés par un arrêt
du Parlement. Bien que la majeure partie
des élèves se destinât à l'armée, quel-

6

ques-uns choisissaient d'autres carrières
en sortant de l'École, dont la réputation,
légitiment acquise, était grande partout
le royaume. Parmi les hommes célèbres
qui y furent instruits, il convient de nommer René Descartes, le réformateur de la
philosophie française, et un guerrier de
haute valeur, le maréchal de Guébriant.

Réorganisé par Choiseul en 1764, le
collège de La Flèche prit le titre d'École
préparatoire à l'École militaire du Champ-
de-Mars. Il recevait 250 élèves internes,
qui devaient être de famille noble; exception était faite pour les fils de cheva-
liers de Saint-Louis. Enfin, aucune con-
dition de ce genre n'était imposée pour
l'externat: Corret fut admis sans difficulté comme pensionnaire, sa famille
étant regardée partout, ainsi qu'elle avait
droit, comme appartenant à la noblesse
de Bretagne [1].

1. Parmi les élèves qui suivirent de près le jeune
Corret sur les bancs de l'École de La Flèche, on re-

Corret se distingua à l'école de La Flèche par l'excellence de sa conduite et la rigoureuse exactitude qu'il apportait à l'accomplissement de ses devoirs militaires. Tout ce qu'il était tenu de faire, il le faisait avec précision et sang-froid. Avait-il quelque loisir, il l'occupait à des lectures utiles, dont le sujet principal était toujours l'art de la guerre. En ces heures de liberté, il étudiait de préférence l'histoire des grands capitaines, et celui qu'il semblait avoir choisi comme modèle, de qui le génie et les vertus lui paraissaient plus particulièrement admirables, c'était le maréchal de Turenne, le vainqueur de Susmarshausen et de Mulhouse. Corret savait déjà, à ce moment, quels liens de parenté existaient entre sa famille et celle de l'illustre homme de guerre, et il projetait sans doute, même alors, de mettre au jour

marque le général Hédouville et le brave Dupetit-Thouars.

cette parenté, de la faire reconnaître par les descendants légitimes du héros, de lui donner, en quelque sorte, un caractère officiel et public.

A l'expiration du séjour que le jeune Corret fit à l'école de La Flèche, il reçut la récompense de son assiduité extraordinaire et des qualités diverses dont il avait fait preuve : la *croix de mérite* lui fut décernée. Aux yeux de ses chefs comme devant l'opinion de ses camarades, Corret, sans conteste possible, était le plus digne d'obtenir cette distinction.

Aussitôt après avoir quitté La Flèche, Corret fut proposé pour entrer au corps des *mousquetaires noirs*. Sa nomination est datée du 3 avril 1767. Pour faire partie des mousquetaires, il fallait être gentilhomme. Or, la famille Corret fut toujours regardée en Bretagne comme appartenant à la petite noblesse, et cette considération avait suffi pour faire admettre Théophile-Malo à l'école de La Flèche. Cependant, en prévision de son entréc aux mousquetaires noirs, le jeune homme se fit délivrer un certificat par quatre gentilshommes de sa province. Voici la teneur de cette pièce :

CERTIFICAT DE NOBLESSE.

Nous, gentilshommes de la province de Bretagne, évêché de Tréguier, certifions que Ecuyer Théophile-Malo de Corret, fils de Olivier-Louis et de dame Jeanne-Lucrèce Salaün, est gentilhomme de ladite province, en foy de quoy nous lui avons signé le présent certificat, pour lui servir ainsi qu'il appartiendra.

A Morlaix, ce cinquième mars mil sept cent soixante et sept,

Signé : DUMESCOUEZ PASTOUR,
CHRÉTIEN DE CHEF DE L'E-
TANG,
DE PÉAN, FILS,
CHRÉTIEN DE LA MUSSE.

Corret ne demeura pas longtemps dans les mousquetaires : cinq mois après sa nomination, le 1er septembre 1767, il était fait sous-lieutenant au régiment d'*Angoumois-infanterie.*

On n'a point de détails sur la première période de trois ans et demi que Corret passa au régiment d'Angoumois en qualité de sous-lieutenant. Le 16 avril 1771, il était promu lieutenant en second, et cinq semaines plus tard, le 21 mai, lieutenant en premier, maintenu au même corps. Un portrait de Corret a été conservé, qui doit se rapporter à ce moment de sa vie, car, sur ce portrait, il semble ne pas avoir encore atteint la trentaine. « Il est représenté, dit l'un de ses biographes [1], revêtu d'un uniforme blanc, à revers bleus ou vert foncé. Ses traits, de l'expression la plus agréable, respirent la douceur et la fierté [2]. »

1. M. Buhot de Kersers.
2. La tenue du régiment d'Angoumois était la sui-

Au régiment d'Angoumois, Corret était
un modèle pour les officiers de son grade,
tant pour son exacte obéissance aux ordres de ses supérieurs que par l'extrême
régularité de sa conduite. A ce dernier
point de vue, on devine qu'il se distin-
guait de plusieurs de ses collègues; mais
il possédait encore deux mérites peu
communs, à cette époque du moins : il
avait un soin vraiment paternel de ses
hommes, et d'autre part, comme à La
Flèche, il profitait de ses loisirs pour
étudier de plus près toutes les parties de
l'art militaire. D'ailleurs, ses goûts stu-
dieux et sa bonté naturelle ne dimi-
nuaient nullement chez lui une grande
susceptibilité sur le point d'honneur et

vante : cravate noire, tricorne noir à large galon blanc;
manchettes de dentelles; habit blanc à revers bleus;
trois larges boutons blancs sur le revers des manches.
Col à petits revers rouges; double rang de larges
boutons sur la poitrine, et tunique bleue. Guêtres blan-
ches à boutons noirs; jarretières noires sous le genou.

une bravoure téméraire qui ne se démentit jamais par la suite. Une des aventures de Corret, en 1774, confirme pleinement notre dire :

Le régiment d'Angoumois était en garnison à Marseille. Le 9 janvier 1774, un dimanche soir, plusieurs officiers du régiment se rendirent au théâtre, et prirent place, ainsi qu'ils avaient coutume, dans la loge spéciale qui leur était réservée. Pendant un entr'acte, un officier du régiment de Bourbon, chevalier de Malte, vint les rejoindre dans cette loge, et l'un de ces officiers, se levant, offrit sa place au nouvel arrivé. Pendant qu'il le saluait de la sorte, il se trouvait tourner le dos au reste de la salle, ce dont le public du parterre, déjà très agité, conçut une grande irritation. Rien n'était cependant plus naturel et moins offensant, surtout au milieu d'un entr'acte, mais quelques spectateurs bruyants entraînèrent la masse du public, et des sarcasmes mêlés d'injures s'élevèrent bientôt, à l'adresse des officiers d'Angoumois. Des voix crièrent même : *A bas l'uniforme !* Cette insulte ne fut point entendue des officiers, sans quoi ils eussent sévèrement châtié les insolents. Mais, le lendemain, il n'était bruit dans Marseille que des incidents de la soirée. Le mot : *A bas l'uniforme,* colporté de bouche en bouche, était arrivé jusqu'aux oreilles des officiers d'Angoumois, et quelques lieutenants des autres corps en garnison dans la ville déclaraient même qu'ils avaient été sur le point de prendre fait et cause pour leurs camarades, seuls visés pourtant, ajoutaient-ils, par les exclamations outrageantes du public.

Le mercredi suivant, 12 janvier, un certain nombre d'officiers d'Angoumois allèrent assister au spectacle. Ainsi que cela avait été convenu entre eux, quelques-uns de ces officiers — Corret était du nombre — prirent place au parterre ;

les autres montèrent à leur loge, où l'un
d'eux, pendant les entr'actes, devait tourner le dos à la salle...

Le groupe des lieutenants qui se trouvait au parterre en imposa d'abord au
public, et les trois premiers actes de la
pièce s'écoulèrent sans encombre; mais
le capitaine de quartier, responsable de
l'ordre et de la police du théâtre, était
assis près de Corret; il demanda au jeune
officier si lui et ses camarades étaient
venus dans le but de faire naître un in-
cident qui pût troubler la représentation.

« Non, Monsieur, répondit Corret, telle
n'est pas notre intention. Mais comme
Messieurs les préposés à la police s'en
acquittent très mal, nous venons ici,
Monsieur, pour y veiller et pour tâcher
de découvrir les insolents qui, d'après ce
que l'on nous a rapporté, ont osé manquer aux égards que commandaient nos
personnes et notre état. »

Le capitaine de quartier ne répliqua

rien à cette phrase un peu vive, mais les
spectateurs du parterre, qui avaient entendu Corret, commencèrent aussitôt à
élever des rumeurs et des cris.

« Serrons les uniformes ! » dit une voix.

Une poussée violente se fit, dirigée
contre le groupe des officiers assis au
parterre. Ceux-ci, d'un mouvement irré-
fléchi sans doute, mais parfaitement ex-
plicable, mirent tous ensemble l'épée à
la main.

Cela fut plus que suffisant pour terri-
fier le public du parterre : les spectateurs
affolés se sauvaient dans toutes les di-
rections, escaladant les banquettes et se
bousculant autour des portes de la salle,
trop étroites au gré de leur panique.
Dans ce tumulte, plusieurs personnes
furent contusionnées ou virent leurs vêtements mis en lambeaux ; enfin, un
musicien de l'orchestre, dans la précipi-
tation de sa fuite, tomba si malheureusement qu'il se cassa une jambe.

En quelques minutes, le parterre était
vide, ou du moins il n'y restait que
Corret et ses amis. Cependant le capitaine de quartier était monté sur la scène,
et, rassurant de son mieux les spectateurs
des galeries et des loges, leur expliquait
les motifs du désordre qui venait d'avoir
lieu. Le calme rétabli, la représentation
se poursuivit et put être achevée.

Il y avait six soldats de la garnison employés ce soir-là au théâtre; les lieutenants les prirent sous leur protection et
sortirent avec eux. La place était noire
de monde, et cette foule ne parlait que
de faire un mauvais parti aux officiers.
Mais ceux-ci marchèrent droit vers les
groupes hostiles, la main sur la garde de
leur épée; leur sang-froid tint en respect
les milliers de personnes qui s'étaient
ameutées devant le théâtre. Personne
n'osa les attaquer, ni même les insulter
de trop près, et ils regagnèrent tranquil-
lement leur logis.

Tous ensemble mirent l'épée à la main.

L'affaire eut des suites pourtant, car le scandale avait été considérable. Corret et douze autres officiers furent mis aux arrêts dans la citadelle. Voici d'ailleurs un extrait de la lettre, datée du 20 janvier, que Corret adressa à son beau-frère, M. Limon du Timeur [1] :

« ... Nous avons été décrétés [de prise de corps] au nombre de treize officiers, *les seuls actuellement au corps*, du nombre desquels sont deux capitaines, le reste lieutenants ou sous-lieutenants. Comme cette affaire, envisagée par la justice sous un point de vue différent de celui sous lequel nous la regardons, peut avoir des suites, et même retomber sur nos biens, je vous envoie, mon cher frère, ci-joint une reconnaissance que vous ferez valoir et servir pour me tirer d'embarras, au cas où je m'y trouverais, et pour vous en prévaloir en temps et lieu avec un blanc-

1. M. du Timeur venait d'épouser Marie-Anne-Michelle de Corret, sœur de Théophile-Malo.

seing pour agir pour moi, de telle manière que vous le jugerez à propos.
Comme, suivant toute apparence, le régiment ne sera pas longtemps ici, quand
vous recevrez cette lettre, je vous prie
d'adresser à M. Brémond fils, contrôleur
du bureau des lettres, celles que vous
m'enverrez, vous priant de joindre à votre
première la lettre de change, pour me
remplir de mon second quartier de pension. Quelque événement qui m'arrive,
mon très cher frère, ne vous attristez pas
sur mon sort, j'ai pour garants de la
manière dont je me suis conduit dans l'affaire que je vous ai détaillée, MM. de Plu-
vier et de Kervili, qui attesteront, en
Bretagne et ailleurs, que je n'ai aucun
reproche à me faire, et que j'ai suivi le
torrent. Au tribunal de la raison, nous
aurons peut-être tort, mais à celui de
l'honneur nous gagnerons toujours notre
cause, et ce sont les principes inflexibles
de celui-ci qui doivent diriger tout homme

qui en est jaloux. Adieu, je vous embrasse
de tout mon cœur et suis, jusqu'au dernier soupir, votre affectionné frère,

« CORRET. »

Au dos se trouve la mention suivante :
« Ne lisez pas cette lettre, je vous prie,
devant ma mère. »

Dans cette lettre, et pour le cas peut-être
où, malgré la touchante recommandation
que nous venons de citer, la mère de
Corret serait avisée du détail de l'aven-
ture, le jeune officier ne se donne pas
comme l'auteur de la réponse faite au
capitaine de quartier; mais dans une
autre lettre, dont nous allons citer un
fragment, il déclare bien que c'est lui
qui a tenu le propos incriminé.

Le décret de la sénéchaussée de Marseille avait été fort rigoureux, comme on
vient de le voir. La colère de la population avait d'ailleurs presque forcé la
main à l'autorité, et les gazettes étran-

gères, aussi bien que les feuilles françaises, s'étaient empressées de grossir
l'événement. Mais le parlement d'Aix fut
saisi de l'affaire, cassa l'arrêt de la sénéchaussée de Marseille, et provisoirement,
sans attendre d'avoir fini la revision de
la procédure, limita la prise de corps à
quatre des accusés, dont un capitaine,
qui furent envoyés à la citadelle de Nîmes.
Corret n'était pas compris parmi ces
quatre officiers.

Le régiment avait changé de garnison;
il avait quitté Marseille pour Avignon, et
c'est de là que, le 3 mars, Corret écrivait
à M. Limon du Timeur, un peu avant le
prononcé de l'arrêt du Parlement d'Aix :

« ... Dans toute cette affaire, nous ne
nous sommes point écartés un seul moment des principes et des règles de l'honneur, dont tous les hommes doivent faire
profession, mais surtout les militaires.

« ... Je ne vous cache pas que c'est moi
qui ai tenu au capitaine de quartier les

paroles consignées dans notre mémoire. En cela, j'ai suivi peut-être plutôt les mouvements de mon cœur et de mon ressentiment que ceux de la raison; les circonstances, d'ailleurs, y donnèrent lieu. L'air de jeunesse et d'étourderie que l'état-major des citadelles de Marseille a donné à notre affaire pour sauver la tête, c'est-à-dire les deux capitaines du régiment qui semblaient être les conducteurs de l'entreprise, cet air de jeunesse, dis-je, pouvait m'être très désavantageux; je vous dirai, quand tout sera passé, tout ce que j'ai découvert de manœuvres qu'on a ourdies pour en élever quelques-uns sur la ruine des autres : ceci entre vous et moi. MM. de P. et de K., volontaires au régiment, s'il m'arrivait d'être plus puni que soixante-cinq autres, découvriraient, à Guingamp, à mes parents, que je ne l'aurais été que parce qu'une lâche désertion de mes devoirs, envers moi-même et envers mes camarades, ne m'aura pas fait chercher à me disculper à leurs dépens. D'ailleurs, comme je vous l'ai déjà dit, dans tous les cas, soyez aussi tranquille sur mon compte que je le suis. Il ne s'est rien passé dans notre affaire que de conforme aux règles de l'honneur, et l'honneur permet souvent ce que la raison et la prudence défendent. Le chancelier ayant retiré toutes les procédures, et le décret des juridictions de Marseille n'ayant point d'efficacité, le jugement de la cour une fois rendu, il ne nous restera de déboursé que pour la jambe cassée, qui, par accommodement, revient à dix ou quinze louis pour chacun. »

L'affaire devait en effet se terminer ainsi. Après un court séjour à Avignon, le régiment d'Angoumois se rendit à Montauban, où il resta davantage. En 1778, il tint garnison à Huningue. C'est là que Corret tomba malade, à la suite d'un accident, sur lequel il ne s'est pas expliqué dans sa correspondance, mais

que nous attribuerons à un duel, comme
ont fait déjà plusieurs de ses biographes.
Cette hypothèse est tout à fait vraisem-
blable, car Corret, sans indiquer les
causes de l'accident, parle d'une plaie,
d'une blessure au bas ventre, très grave,
très douloureuse, et dont l'apparition
soudaine, à notre sens, fait naturellement
penser à un coup d'épée reçu en duel. Il
faut de plus rapprocher le caractère
étrange de cette brusque maladie d'une
sorte de demi-aveu qui se trouve dans une
lettre de Corret, datée du 3o septembre de
la même année, et où il dit : « Je pouvois
avoir eu quelque tendon de *coupé.* »

Pour se guérir, Corret fut envoyé par
les médecins aux eaux de Plombières. Il
y resta en traitement pendant six mois,
au bout desquels il reprit son service.
Cela lui tenait tant au cœur, qu'il n'attendit pas d'être complètement rétabli,
pour quitter Plombières et rejoindre son
régiment.

Corret ne se remit jamais tout à fait des suites de sa blessure. Sa constitution demeura ébranlée, et, pendant toute sa carrière jusqu'à sa mort, il eut sans cesse, à vaincre sa faiblesse ou ses souffrances pour accomplir son devoir militaire ou se livrer à ses travaux de philologie comparée.

CHAPITRE V

LA FAMILLE DE TURENNE

Nous avons dit plus haut, en parlant de la naissance de Théophile-Malo Corret, qu'il était fils d'Olivier de Corret et de Jeanne Salaün, et que ses bisaïeux étaient Henri de Corret et Marie Dupuis de la Galauperie.

Par Henri de Corret, Théophile-Malo

descendait de la maison de Bouillon. En effet, Henri de Corret était fils naturel d'Adèle de Corret et de Henri de La Tour d'Auvergne, vicomte de Turenne. Henri de La Tour d'Auvergne, ayant épousé Charlotte de La Mark, sœur de Guillaume Robert de La Mark et son unique héritière, était devenu de ce fait duc de Bouillon, prince souverain de Sedan et Raucourt. On voit donc que Henri de Corret, fils naturel de ce prince, était frère du maréchal de Turenne.

Quant à l'établissement en Bretagne de cette branche illégitime de la maison de Bouillon, il eut lieu lors du mariage de Catherine-Henriette de La Tour d'Auvergne avec Amaury de Goyon, seigneur de la Moussaye et de Quintin. Henri de Corret suivit la princesse Catherine-Henriette en Bretagne, y amena sa femme, Marie Dupuis de La Galauperie, et s'y fixa définitivement.

Ainsi que le prouve la généalogie citée

au premier chapitre de ce récit, les Corret avaient conservé fidèlement le souvenir de leur origine, et Théophile Malo
surtout y attachait une importance capitale. Car son désir de bien servir son
pays et de marcher sur les traces du maréchal de Turenne devait le rendre jaloux
de faire reconnaître sa descendance.

D'autre part, Corret n'ignorait pas qu'un
nom illustre, un titre de noblesse incon-
testée, une parenté même lointaine avec
une grande famille, faisaient plus pour
l'avancement d'un officier, sous Louis XV
du moins, que le mérite propre, l'instruction, le zèle, le dévouement de toutes les
heures au service de l'Etat. Il pensait donc,
avec apparence de raison, que la filiation
qui rattachait sa famille à celle de Turenne
pouvait lui être dans sa carrière d'une
très grande utilité.

Pourquoi hésiterait-on à admettre ce
dernier motif? Étant données les conditions dans lesquelles se trouvait Corret,

et les servitudes sociales de l'époque,
la conduite du jeune homme homme était
dictée par une ambition fort honorable.

Cependant, et quelque naturelle que fût
cette ambition, nous ne saurions complètement approuver Corret dans les démarches qu'il fit, et que nous allons raconter, pour obtenir de porter le nom de La
Tour d'Auvergne. Oui, sans doute, les
motifs en étaient excellents, mais il y a
toujours quelque chose qui blesse dans
ce fait d'un fils demandant à quitter le
nom de son père, ou du moins à le considérer comme une simple addition au nom
nouveau qu'il a choisi. Encore ici devons-
nous à la justice de tenir compte du chan-
gement des idées qui s'est opéré en
France depuis la Révolution tant sur ces
questions que sur beaucoup d'autres.

Cette réserve faite, venons au récit des
événements.

Après avoir réuni les pièces qui pouvaient le mieux justifier sa requête, Cor-

ret s'adressa au duc de Bouillon, Godefroy, « alors régnant ».

Sa demande fut favorablement accueillie, comme le prouve la lettre suivante,
adressée avec la suscription : *A Monsieur
de Latour-Corret* :

« A Caen, le 23 octobre 1779.

« Je serai très content, Monsieur, d'être
à portée de vous être utile ; j'en saisirai
toutes les occasions avec bien du plaisir.

« Je n'avais pas besoin du certificat que
vous m'avez adressé et que je vous renvoie
ci-joint, pour m'assurer de tous les détails
ou vous êtes entré avec M. Marchand,
mon intendant, qui m'a rendu un compte
exact des pièces que vous lui avez com-
muniquées pour en faire l'examen. En
conséquence, vous pouvez, Monsieur,
d'après cette lettre, prendre mon nom
et les armes de ma maison, qui sont
La Tour d'Auvergne et le gonfanon, en
ajoutant dans l'écusson la barre, comme

enfant naturel de ma maison. Je prendrai
toujours l'intérêt le plus vif et le plus
sincère à ce qui pourra vous concerner,
soyez-en bien persuadé, et que personne
ne vous honore, Monsieur, avec une plus
particulière distinction que moi. »

Ainsi signé « GODEFROY, duc régnant
de Bouillon. »

En marge de cette lettre, ou plutôt de
la copie qui s'en trouvait dans les papiers
de Corret, M. Limon du Timeur avait
écrit la note suivante :

*M. Corret n'avait jamais pris le nom
de La Tour, et cette dénomination de La
Tour-Corret dans l'adresse de cette lettre
lui est donnée pour la première fois par
M. le duc de Bouillon.*

Peu de temps après, Corret écrivait à
M. du Timeur une lettre où il raconte
qu'il se rendit lui-même auprès du duc
pour lui demander sa recommandation :
Corret était au château de Navarre, près

d'Evreux, où se trouvait alors le duc, après toutefois avoir passé une partie de son congé auprès de son beau-frère à Guingamp.

« Du château de Navarre, le 23 avril 1780.

« Vous apprendrez avec plaisir, Monsieur et très cher beau-frère, mon arrivée à Navarre où je suis depuis deux jours. S'il avait été possible d'ajouter aux honnêtetés dont j'avais été l'objet de la part du prince à mon premier voyage, l'accueil plein de bonté et la réception très démonstrative d'amitié qu'il m'a fait à celui-ci, m'aurait plus que convaincu qu'il a en vue mon bonheur et mon avancement. Il a rejeté fort loin le projet que j'avais de m'expatrier et de me faire employer par M. de Montbarey. Il m'a cependant accordé des lettres de recommandations pour ce ministre ; mais il désire que je continue à servir dans le régiment d'Angoumois, en attendant qu'avec le diplôme et les lettres de naturalité de principauté qu'il me fera expédier aujourd'hui, il soit à même de me placer ailleurs de la manière la plus conforme à ses goûts; ajoutant à ces faveurs une lettre pour le marquis d'Usson, mon colonel, dans laquelle il articule que n'ayant pu me déterminer à quitter le régiment auquel j'ai toujours été attaché, et où j'ai fait mes premières armes, étant d'ailleurs à la veille d'y être capitaine, il demande pour moi le suffrage et les égards que sa recommandation peut être susceptible d'inspirer, surtout pour quelqu'un de son nom. Voilà jusqu'à présent ce que j'ai fait. J'aviserai d'ici à mon départ à tout ce qu'il resterait encore de plus expédient à faire. J'ai dîné aujourd'hui à Navarre avec le prince de Montbazon, nombreuse et brillante compagnie. J'y ai vu entre autres une jeune personne de seize à dix-sept ans, mademoiselle de Châtillon, de la plus exquise beauté, qui sort du couvent et qui a toujours été élevée à Paris. Le prince m'a présenté à M. le prince de Montbazon, et à toute sa cour, sous la dénomination de La Tour d'Auvergne, *jadis Ardenois*, a-t-il ajouté, *enté sur un Breton.....* »

Cette lettre est signée *La Tour d'Auvergne-Corret.*

Dans une autre lettre, datée du 29 avril, Corret parle encore à M. Limon du Timeur des bontés du prince à son égard, et de ce qu'il attend de ce puissant protecteur. Il fait allusion aux lettres de recommandation écrites par le duc à MM. de Sartine et d'Usson, et aux instructions données à M. Marchand, au sujet des lettres de naturalité.

Voici d'ailleurs les lettres du duc à M. de Sartine et à M. Marchand :

A M. DE SARTINE.

« De Navarre, ce 28 avril 1780.

« Je prends le plus grand intérêt,

Monsieur, à M. de La Tour d'Auvergne-
Corret, officier au régiment d'Angoumois
où il sert depuis quatorze ans avec une
distinction et une exactitude qui lui ont
mérité les éloges de ses supérieurs et
l'affection de tous ses camarades. Il des-
cend de Henri de La Tour et est issu
arrière-petit-fils naturel du père de M. de
Turenne; en cette qualité il a droit à
l'intérêt que j'y prends, et par son personnel il en a acquis sur mon amitié; j'ai
le plus grand désir de l'obliger. Son zèle,
son intelligence et son activité doivent le
faire distinguer dans les occasions où il
sera assez heureux pour être employé.
Vous me rendriez un service essentiel s'il
vous était possible de mettre en activité
les talents de cet officier qui n'a d'autre
désir que de servir utilement et de donner des preuves de son dévouement. Vous
pourriez compter sur la fidèle exécution
des ordres dont il serait chargé, et c'est
avec toute la confiance que je dois à votre

amitié que je réclame vos bontés pour lui.
Je serai infiniment reconnaissant de ce
que vous voudrez bien faire pour l'obliger..... »

A M. MARCHAND.

« De Navarre, 26 avril 1780.

M. de La Tour d'Auvergne-Corret est
venu me voir avant de rejoindre son régiment. Je cède avec le plus grand plaisir
au désir qu'il m'a témoigné d'avoir des
lettres de naturalité pour mon duché de
Bouillon. Je veux qu'elles soient conçues
de façon à établir de la manière la plus
positive sa descendance, comme issu du
fils naturel de Henri de La Tour, père de
M. de Turenne. Mon intention étant de
plus que dans aucun cas il ne puisse être
inquiété ni recherché, il faut insérer
(comme je le dois à l'équité), dans ses
lettres de naturalité, qu'il m'a fourni les
preuves les plus positives de sa descen-

dance, et que par l'examen et les recherches particulières que j'ai fait faire, j'en
ai acquis la conviction : que je vois avec
satisfaction qu'il a projeté de s'établir
dans ma souveraineté, qu'il a des droits
par sa naissance et par son personnel à
mon affection, à mon amitié, que par
toutes ces considérations je lui ai accordé,
etc..... »

On possède une copie de cette lettre,
faite de la main de Corret ; en note, Corret a ajouté que le prince voulut qu'il fît
porter la livrée de sa maison aux domes-
tiques qui seraient appelés à le servir.

Il résulte bien clairement de ces divers
extraits, ainsi que nous l'avions dit plus
haut, que le lieutenant Corret, en demandant au duc de Bouillon de constater
sa descendance de la famille des La Tour
d'Auvergne, espérait que cette constata-
tion lui serait grandement utile. Ce désir
le tourmentait d'autant plus qu'entré au
régiment d'Angoumois en 1767, il était

toujours lieutenant en 1780, et qu'une
telle lenteur dans son avancement aurait
pu à bon droit le décourager. D'ailleurs,
il importe de le redire, l'ambition de
monter en grade et de servir son pays
avec éclat est, ce nous semble, l'une des
plus légitimes qu'un officier de talent et
de cœur puisse concevoir. Mais, et il
importait aussi d'en donner la preuve,
l'absolu désintéressement que montra
plus tard Corret, l'indifférence aux titres,
aux honneurs, aux distinctions, que devait pousser si loin le Premier Grenadier
de France, n'existaient pas encore dans
son esprit. Elevé avec le respect et presque le culte des privilèges attachés à une
haute naissance, Corret était heureux de
pouvoir signer La Tour d'Auvergne, de
porter les armes de la maison de Bouillon, d'avoir une qualité enfin qui lui
permît de faire figure dans l'aristocratie,
comme aussi elle lui facilitait l'admission
à des emplois où il n'aurait osé préten-

dre. Tout vient à l'appui de cette affir-
mation ; voici, sur ce point, un fait des
plus caractéristiques :

Peu après l'obtention du diplôme et
des lettres de naturalité à lui expédiées
par le duc de Bouillon, Corret forma une
demande, dans la vue d'être exempté
d'impôts, privilège dont bénéficiait la noblesse. Cette demande fut mal accueillie
d'abord, et il fallut de longues contesta-
tions avant que Corret pût entrevoir une
solution favorable. Une de ses lettres,
adressée à l'intendant de la province de
Bretagne, montre bien quelles étaient
alors ses idées en telles matières :

« Tous ceux comme vous, Monsieur,
écrit-il, qui ont la distinction des rangs
en recommandation et celle du nom,
parce que vous jouissez de ces avantages,
*ne mettront jamais en doute si le nom des
Turenne est taillable en France...* »

LIVRE DEUXIÈME

LA TOUR D'AUVERGNE

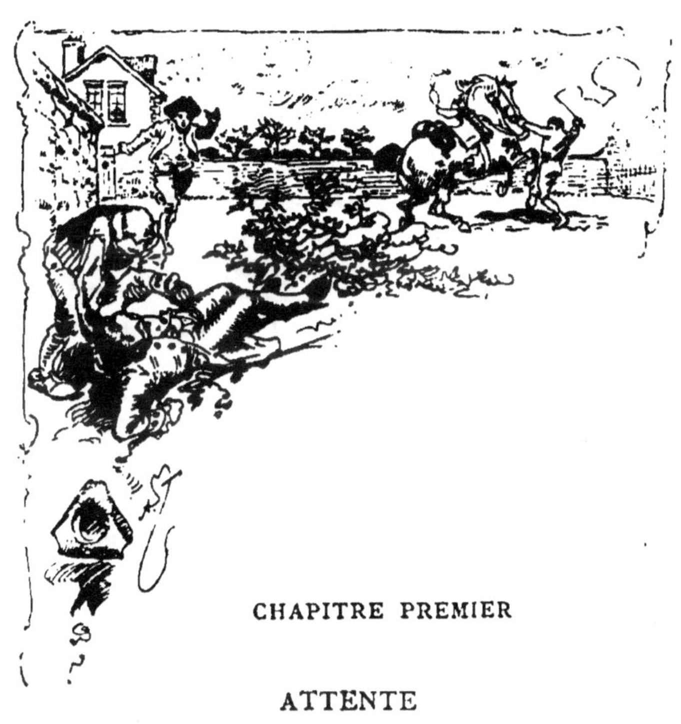

CHAPITRE PREMIER

ATTENTE

Une fois dûment autorisé par le diplôme du duc de Bouillon (enregistré au
Conseil du roi) à porter le nom de La
Tour d'Auvergne, Corret se sentit, plus
encore que par le passé, tout plein de
l'envie d'accomplir de grandes et belles
actions, et impatient de s'employer de

son mieux au service de l'Etat. Dès après
sa visite au château de Navarre, il s'em-
pressa d'aller rejoindre son régiment, qui
tenait toujours garnison à Belfort.

Par malheur, au début de ce voyage
au château du prince, un accident de
cheval avait renouvelé les cruelles douleurs dont il avait souffert à Plombières.
Dans cette situation, il fut contraint de
s'acheter une voiture, y fit atteler son
propre cheval et reprit en cet équipage
la route de Belfort. Ayant ainsi trouvé
moyen de s'épargner d'inutiles et dange-
reuses fatigues, il voyageait à petites
journées, lorsque la nouvelle lui parvint
qu'un détachement de quatre cents hommes d'Angoumois allait être dirigé sur
Brest pour y être embarqué.

C'était en effet le moment où la France,
adoptant la cause des colonies anglaises
révoltées, soutenait l'indépendance amé-
ricaine contre les entreprises de la mé-
tropole. Le pavillon blanc fleurdelisé

s'associait glorieusement à l'étendard des treize étoiles. Déjà, en 1778, c'est-à-dire deux ans plus tôt, Corret avait demandé l'autorisation d'aller combattre parmi les volontaires de Lafayette ; mais cette autorisation lui avait été refusée, sans qu'il soit possible d'en déterminer bien nettement le motif. Il espérait être plus heureux cette fois, et dans sa hâte d'arriver à point, il prit la poste, laissant sa voiture et son cheval à une personne de confiance qui les devait ramener à Belfort. Une seule pensée lui faisait dominer ses souffrances, celle d'obtenir enfin un poste qui lui permît de servir activement, de mériter l'éloge de ses chefs et de prouver, en quelque sorte, qu'il était bien du sang de Turenne. Cet espoir devait être déçu : à peine arrivé à Belfort, La Tour d'Auvergne apprit qu'il n'était point compris dans la liste des officiers du détachement désigné pour partir.

Ce lui fut un coup des plus sensibles,

et le chagrin qu'il en éprouva ne céda
point aux témoignages d'affectueuse estime que lui donnèrent ses camarades,
heureux de le voir revenir au corps.
Cette expérience cruelle, et quelques autres qui la suivirent, lui montrèrent bientôt qu'il ne devait pas compter sur les
promesses qui lui avaient été faites et
sur l'efficacité des flatteuses recommandations qui lui avaient été délivrées. La
sincérité de son protecteur ne pouvait
faire doute, mais un mauvais vouloir régnait en haut lieu contre lui, car depuis
treize années qu'il se trouvait au régiment d'Angoumois, il n'avait obtenu aucun emploi actif, aucune mission spéciale, et n'était pas même proposé pour
le grade de capitaine.

L'esprit d'indépendance que possédait
La Tour d'Auvergne, sans que d'ailleurs
sa soumission à la discipline en fût jamais atteinte, avait peut-être contribué à
lui faire tort auprès de certaines person-

nalités influentes ; mais l'état de délabrement de sa santé, les douleurs conti-
nuelles auxquelles il était en butte, suf-
fisaient par malheur à expliquer l'inac-
tion où le laissaient ses chefs. Il ne paraissait point en situation de supporter
aucune fatigue, et trois fois déjà il avait dû
demander des congés temporaires. Son
avenir militaire semblait donc gravement
compromis, et l'ensemble de ces circonstances défavorables était décourageant au
possible.

Ne pouvant donc partir avec le détachement commandé, La Tour d'Auvergne
chargea ceux de ses camarades, choisis
pour suivre l'expédition, de lettres et
d'objets destinés à sa sœur Marie-Anne
et à son beau-frère, ainsi qu'à plusieurs
de ses parents. Puis, obligé de nouveau de
se soigner, il songea à se rendre à Plombières. Mais la question d'argent le fit re-
noncer à ce projet, et il choisit Luxeuil
où la vie était beaucoup moins coûteuse.

C'est de Luxeuil que La Tour d'Auvergne écrivit à sa sœur, au sujet de sa nièce, l'une des filles de M. Limon du Timeur [1], une lettre qu'il est bon de faire connaître au lecteur : cette lettre montre, en effet, quelles étaient les opinions de.La Tour d'Auvergne, à cette époque de sa vie, sur l'importance d'une naissance noble et de relations distinguées. Elle laisse croire, par suite, que même à ce moment il n'avait pas complètement perdu, malgré ses fréquentes déceptions, tout espoir de tirer parti de sa parenté avec l'une des plus grandes familles du royaume...

« De Luxeuil, le 6 août 1780.

« Je sens, jusqu'au fond de l'âme, ma très chère sœur, le prix de la déférence que votre amitié et celle de mon beau-

---

1. L'autre fille de M. du Timeur venait de mourir, malgré les soins empressés que lui avait prodigués sa famille.

frère veulent bien avoir pour moi, dans une circonstance où il s'agit de l'établissement d'une nièce bien-aimée, pour laquelle mon agrément vous serait déjà tout acquis, si vous en aviez besoin, bien assuré qu'un père et une mère, aussi tendres pour leurs enfants que vous l'êtes, ne peuvent se tromper dans le choix d'où peut dépendre le bonheur de leurs jours. Dans ces sentiments, votre satisfaction, ma très chère sœur, celle de mon beau-frère et de votre fille, est aujourd'hui le premier de mes vœux, et si je hasarde quelque réflexion sur le parti qui se propose pour ma nièce, ce n'est uniquement que pour vous répondre avec franchise à la confiance que vous voulez bien me témoigner en cette circonstance, mais sans prétendre vouloir en rien déranger vos vues.

« Souvenez-vous seulement que la manière dont les choses vous frappent au premier aspect devient presque toujours

la règle entière de votre détermination en
tout ; ce qui doit nous mettre singuliè-
rement en garde contre nos premières
impressions ; car ensuite on se passionne
et l'on ne trouve équitable que ce qui se
trouve en rapport avec notre manière de
penser primitive ; c'est pourquoi, ma
très chère sœur, je vous prie de donner
toute votre attention à bien balancer vos
raisons, celles de votre mari et les mien-
nes, avant de passer outre, dans le cas où
nous nous trouverions d'avis différents
dont vous m'avez entretenu.

« Quant à moi, élevé par état à avoir
pour la distribution des rangs une vénération particulière, et à respecter les préjugés et l'opinion qui aujourd'hui régis-
sent la plupart des hommes, j'avoue que,
si j'avais été le tuteur de ma nièce, je
sens bien que j'aurais fait germer de
bonne heure dans son cœur les principes
dont je suis imbu, ceux de ne jamais
sacrifier les convenances de la nature et

de l'opinion à celles de la fortune, surtout dans la position où il a plu à la Providence de la placer, tant pour sa fortune actuelle que pour ses alentours, ses espérances à venir, et beaucoup d'autres avantages réels. D'ailleurs je pense que nous ne devons pas nous transporter seulement jusqu'au jour du mariage d'un enfant qui nous est cher, mais qu'il faut encore nous occuper de nous-mêmes. Nous n'avons de propre en mourant que le sentiment d'exister encore après nous par ceux à qui nous avons donné le jour, et d'exister surtout d'une manière distinguée dans l'opinion des hommes. Or, vous conviendrez qu'un beau nom que vous joindrez à celui de votre fille, mettant un jour vos enfants à la portée de tout, en leur ouvrant une route facile aux honneurs, leur ouvrira aussi bientôt celle de la fortune, et satisfera tous les désirs qui pourraient vous occuper à vos derniers moments. Voilà ma façon de penser,

telle qu'elle est sortie du fond de mon
cœur, à laquelle j'aurais pu donner plus
d'extension, si je n'étais persuadé que
vous m'avez déjà tout deviné. Je désire
avoir imprimé quelque force à mes raisons auprès de mon frère et de vous,
vous priant cependant de croire que
l'amitié qui parle hasarde des conseils,
mais ne prétend jamais donner de leçons.
Le temps et le mérite de votre fille feront
peut-être triompher ma cause, et puisque vous vous êtes réservé un an pour
vous décider à prendre un parti, je ne
doute pas que ce terme ne soit plus que
suffisant pour vous faire triompher vous-
mêmes de n'avoir rien précipité sur un
événement qui demande d'être digéré,
puisque le bonheur de vos jours et de
ceux de votre fille en dépend. Adieu, ma
très chère sœur, vous connaissez mon
cœur, il s'est ouvert tout entier ici. Soyez
bien convaincue que rien ne saurait jamais
affaiblir la vivacité des sentiments d'atta-

Les Strasbourgeois faisaient fête aux soldats français.

12

chement avec lesquels je serai pour la vie à mes frères, ma nièce et vous, votre tendre et affectionné frère,

« La Tour d'Auvergne-Corret. »

Cette lettre nous renseigne très exactement sur les idées et même les *préjugés* — le mot est de lui — que gardait à cette époque La Tour d'Auvergne. Il ne devait s'en affranchir qu'à la suite de la Révolution, et nullement par intérêt ou par complaisance envers les opinions du jour. Loin de là : il n'eut jamais d'autre juge que sa propre conscience, et on le vit, séparant le bon grain de l'ivraie, conserver pieusement, au su de tous, les religieuses convictions de sa jeunesse, tandis qu'il dépouillait sans regret l'esprit de caste, la vanité des titres et des privilèges.

Il faut donc constater l'idée un peu étroite qui dicta à La Tour d'Auvergne la lettre qu'on vient de lire : l'agrandissement de son caractère, au fur et à mesure

des événements ultérieurs, n'en sera que
plus sensible à coup sûr. Les scrupules
de La Tour d'Auvergne choquèrent du
reste M. Limon du Timeur, bien qu'ils
fussent exprimés, ainsi qu'il ressort du
texte, avec beaucoup de ménagements.
Un froid en résulta dans les relations
des deux parents, mais cette légère
brouille ne fut que de courte durée.
M. du Timeur finit par admettre à cer-
tains égards les raisons données par La
Tour d'Auvergne, ajourna provisoirement
toute idée de mariage pour sa fille, et
l'amitié dévouée des deux beaux-frères ne
fut plus troublée depuis.

Sur ces entrefaites, le régiment d'Angoumois ayant été envoyé à Strasbourg,
La Tour d'Auvergne le rejoignit dans
cette belle et noble ville, déjà si dévouée
à la cause française. Alors comme de nos
jours, — avant qu'une catastrophe sans
exemple eût arraché deux provinces à la
mère patrie, — la capitale de l'Alsace

était recherchée comme lieu de garnison, de préférence même à d'autres villes plus populeuses ou plus riches. Les Strasbourgeois faisaient fête aux soldats français de toutes armes; nulle part l'accueil n'était aussi cordial, aussi joyeux, aussi plein de réelle et chaude sympathie. La Tour d'Auvergne profita de ce séjour pour passer le Rhin et aller prendre les eaux de Bade, ce dont son état maladif reçut une très sérieuse amélioration.

Ce voyage à Bade date du mois de juin 1781. Dans les derniers jours de septembre, La Tour d'Auvergne se proposait de demander un congé de six mois, lorsqu'il apprit qu'une expédition franco-espagnole assiégeait Port-Mahon, dans l'île de Minorque. N'était-ce point là l'occasion si longtemps attendue? C'était au moins un bon moyen de s'instruire, que d'assister à un siège de cette importance. La Tour d'Auvergne savait aussi qu'il trouverait là le régiment de Bouillon, et

qu'il serait accueilli comme volontaire
dans ses rangs avec les plus vives sympathies. Aussi ses hésitations, s'il en eut,
ne furent pas longues; en quelques jours
il mit ordre à ses affaires courantes et
fixa ses projets de démarches.

CHAPITRE II

DÉPART POUR PORT-MAHON

La Tour d'Auvergne demanda aussitôt le congé de six mois, ou *semestre,* qu'il avait eu au préalable l'intention de passer auprès de sa sœur, et qu'il était certain d'obtenir. Il écrivit presque immédiatement après au ministère de la guerre, pour solliciter l'autorisation d'être envoyé à Minorque, afin d'y servir, pendant ce semestre, dans les rangs du corps expéditionnaire. Mais il n'attendit point cette autorisation, et, ayant envoyé cette lettre, partit le 17 septembre, sans se préoccuper autrement de la réponse.

Le 15 septembre, La Tour d'Auvergne avait annoncé son dessein au duc de Bouillon. Il avait deux raisons de le faire : d'une part, il considérait le duc comme le chef de sa maison, en même temps que comme son protecteur principal, et tenait, pour ces divers motifs, à l'aviser de toutes ses actions importantes.

D'autre part, le régiment de Bouillon, dont le duc avait le titre honorifique de colonel en premier, était compris dans le corps détaché à Minorque, et il était naturel que La Tour d'Auvergne avertît le prince qu'il espérait avoir à combattre avec les soldats de ce régiment. Nous donnons ici un extrait de cette lettre de La Tour d'Auvergne :

« A SON ALTESSE LE DUC DE BOUILLON.

« Strasbourg, 15 septembre 1781.

« Monseigneur,

« Je viens d'apprendre que votre régiment est destiné à l'expédition de Minorque ; ma bonne fortune m'a donné un semestre cette année, et ma vocation m'appelle à rechercher toutes les occasions d'aller au-devant de votre attachement par les voies qui s'accordent le plus avec ma façon de penser.

« Dans ces sentiments, Monseigneur, brûlant d'être témoin des opérations de la campagne qui va s'ouvrir, d'acquérir sous vos drapeaux une grande gloire à travers de grands périls, après avoir communiqué mon projet au général baron de Wimpffen, et, bien sûr de votre approbation, je me suis décidé à partir ; en faisant, comme si vous me l'aviez permis, une démarche que j'aurais peut-être faite

13

trop tard, si j'avais attendu ici l'agrément
de Votre Altesse, n'étant pas employé
dans l'armée de Minorque, et ne voulant
pas me mettre au risque de perdre mon
état; mon projet se borne à choisir le
camp du général Falkenheim pour lieu de
mon semestre, ne pouvant nulle part faire
une étude plus réfléchie de mon métier,
ni un choix plus conforme à mes goûts... »

A la fin de cette lettre, La Tour d'Auvergne a ajouté le *post-scriptum* suivant :

« Je sais, Monseigneur, combien une
lettre de faveur de la part de Votre Altesse
auprès de MM. de Crillon[1], de Falkenheim et de Wimpffen aurait de poids et
de force, et serait faite pour inspirer d'intérêt pour moi, et influer sur mon bonheur et ma fortune militaire à venir.

---

1. Le duc de Crillon commandait en chef l'expédition contre Minorque. Lieutenant général commandant
les provinces de Picardie, Artois et Boulonnais, il avait
passé en 1762 au service de l'Espagne, avec l'assenti-
ment de Louis XV, et en vertu du *pacte de famille.*

Mais, prodigue de votre bienveillance
envers moi, je crains de me rendre in-
digne de vos bontés, en n'en usant pas
avec assez de retenue. M. le général
baron de Falkenheim, malgré l'envie
qu'il m'en a témoignée, n'a pu me prendre
pour aide de camp, la cour lui ayant
désigné ceux qui devaient le suivre;
cette place m'eût peut-être mis hors de
cause des grâces que j'espère obtenir de
M. le duc de Crillon, auquel je désire
particulièrement m'attacher, et qui peut
un jour me donner un grade à la guerre,
qui me serait confirmé en France. C'est
vis-à-vis de ce général, que j'ai déjà vu
étant en garnison, que j'oserai vous prier,
Monseigneur, si vous avez la bonté de
vous intéresser à mon sort, de diriger
particulièrement votre puissante inter-
vention.

« Si vous me faites la grâce de me répondre, je vous prie de vouloir bien me
faire adresser votre lettre poste restante

à Toulon, faisant état de partir après-demain, 17, pour m'y rendre. »

Le baron de Wimpffen, qui, au ministère de la guerre, possédait la plus grande influence, avait son frère au régiment de Bouillon, en qualité de colonel en second. Il avait montré une bienveillance marquée vis-à-vis de La Tour d'Auvergne, lorsque celui-ci lui demanda une recommandation auprès de cet officier supérieur. Aussi La Tour d'Auvergne lui adressa la lettre suivante :

« Mon général,

« Je ne puis réfléchir un seul moment à la manière franche et généreuse, le cœur ouvert et la politesse avec laquelle vous avez accompagné le service que vous m'avez rendu, en m'accordant des lettres de faveur pour les généraux de l'armée de Minorque, sans me pénétrer pour vous des sentiments les plus vifs et les plus sincères. D'un procédé franc,

sans nulle souplesse, je sens bien que
j'aurai de la peine à vaincre les obstacles,
à arriver aux honneurs et aux grades de
la guerre, surtout lorsque je désire n'y
être poussé par d'autre faveur que par
mon mérite. Une succession d'application
et d'efforts m'obtiendra peut-être un jour
la récompense qu'on accorde à ceux qui
ont acquis quelque connaissance de leur
état, qui est de les mettre à l'épreuve. Je
pars sur la foi de la promesse que vous
m'avez faite, d'aplanir auprès du ministre
les difficultés qui pourraient m'être faites
lors de l'embarquement. Je ne demande
rien; je ne brigue rien que l'avantage de
passer mon semestre dans le camp de
Minorque, pour y faire une étude plus
réfléchie de mon métier et m'attacher de
plus en plus, par cette étude, à la pratique
de mes devoirs, n'ignorant pas combien
les fautes à la guerre sont graves et infa-
mantes, quand elles ont pour principe la
paresse et l'ignorance. J'ai fait part à

M. le duc de Bouillon de l'intérêt que
vous preniez à mon sort. Soyez bien
convaincu, mon général, qu'en m'accordant des preuves de bonté aussi tou-
chantes, vous n'avez pas placé vos sentiments au hasard.

« ... C'est vis-à-vis votre frère, mon
général, que je vous prie de diriger particulièrement votre puissante recommandation. Je ne dois et ne puis me
conduire que par ses conseils, que je
respecterai autant que mes devoirs. C'est
chez lui que je chercherai de l'encou-
ragement dans mes embarras et l'espèce
de fil dont j'aurai besoin pour sortir de
toutes les difficultés que je pourrai ren-
contrer. »

La réponse du baron de Wimpffen ne
se fit pas attendre; nous en donnons ici
la partie essentielle :

« Le ministre, Monsieur, ne peut autoriser votre démarche, parce que beaucoup
d'officiers et de gens de cour ont brigué

le même avantage et qu'il s'est obstiné à
les refuser. Si on pouvait donc lui citer
un seul exemple il serait perdu, et l'on
crierait avec raison à l'injustice. D'après
cela, *vous ne pouvez poursuivre votre
projet que comme un officier qui a un
semestre, et qui préfère l'île de Minorque
à tout autre séjour.* Arrivé là, en quelque
manière comme un curieux du camp,
M. le duc de Crillon peut faire usage de
votre volonté et de votre zèle et vous
procurer, peut-être, de grands avantages
en Espagne. Il est difficile de prévoir
quel sera le produit de votre démarche,
*il est toutefois certain qu'elle ne peut être
improuvée;* et si le succès ne répond pas
à vos espérances, vous aurez toujours
par devers vous, aux yeux des gens justes,
le mérite d'une volonté louable. Je ne
suis qu'en peine, Monsieur, pour votre
passage. Mais peut-être que mon frère le
colonel trouvera quelque moyen de vous
aplanir les difficultés. Je suis très sen-

sible à tout ce que vous me dites d'honnête et d'obligeant, etc. »

Il est difficile de concevoir qu'un homme comme le général baron de Wimpffen ait pu écrire une lettre aussi vague, dans laquelle, après avoir dit que le ministre ne pouvait autoriser La Tour d'Auvergne à servir pendant son semestre à Minorque, il l'encourage tout de même à s'y rendre *comme un officier qui a un semestre et préfère l'île de Minorque à tout autre séjour...*

Cette lettre, tout en laissant La Tour d'Auvergne dans une sorte d'incertitude, devait l'amener néanmoins à poursuivre un projet qui lui tenait au cœur et qu'on ne lui interdisait pas formellement de réaliser. Il la reçut à Toulon, quelques jours avant de s'embarquer, et, après l'avoir lue et relue, il ne voulut en retenir que la phrase : *Il est certain que votre démarche ne peut être improuvée.*

Presque en même temps, La Tour

d'Auvergne recevait deux autres lettres, émanant du duc de Bouillon ; l'une devait être remise par lui au commandant du corps d'expédition, le duc de Crillon, l'autre lui était personnellement adressée. En voici la teneur :

« Navarre, le 24 septembre 1781.

« Je ne puis qu'applaudir, mon cher La Tour, à votre zèle et à votre noble ambition. Je vous adresse ci-joint une lettre pour le duc de Crillon. J'espère qu'il y aura égard, et qu'il vous rendra la justice qui vous est due à tant de titres, et qu'il vous emploiera aussi utilement que vous pourrez le désirer. Le tendre sentiment qui m'attache à vous doit vous assurer de l'intérêt sincère que je prends à tout ce qui vous concerne, ainsi que de mon empressement à saisir toutes les occasions de vous être utile et de vous servir.

« Je veux que le portrait de moi qui

14

vous est destiné, soit peint d'après le tableau original que je fais faire et qui n'est pas encore fini. Votre désir à cet égard est un témoignage précieux de vos sentiments pour moi. Celui que je vous ai voué, mon cher La Tour, est aussi tendre et aussi sincère et ne variera jamais. Je vous embrasse de tout mon cœur.

« LE DUC DE BOUILLON. »

La Tour d'Auvergne s'embarqua pour Minorque dans les premiers jours d'octobre, plein de l'espoir qu'il ne manquerait pas de conquérir par sa valeur ces grades si vainement attendus, certain en tout cas qu'il trouverait occasion d'agir, de combattre, de servir bravement les intérêts de sa patrie.

CHAPITRE III

DEVANT LE FORT SAINT-PHILIPPE

L'île de Minorque, aux mains des Anglais depuis l'année 1708, fut conquise par les Français en 1756, pendant la guerre de Sept-Ans. Le duc de Richelieu, après un siège long et terrible, s'était emparé de la ville principale de Minorque, Port-Mahon, située au bord de l'île, puis-

samment fortifiée et jusque-là impre-
nable. Par malheur, le traité honteux
de 1763 força la France à rendre Minorque aux Anglais, qui remirent aussitôt en
état les ouvrages démantelés.

La possession de Minorque avait une
importance considérable, car les Anglais,
y trouvant un port merveilleusement sûr
et une forteresse redoutable, pouvaient
de là menacer tour à tour les côtes de la
France et celles de l'Espagne. Aussi l'expédition que le duc de Crillon dirigeait
contre les Baléares fut-elle organisée au
mieux, et des troupes d'élite y purent-
elles seules prendre part. Lorsque La
Tour d'Auvergne arriva au camp du général en chef, il trouva les soldats espagnols occupés à ouvrir leur première
parallèle. Le feu des Anglais était meur-
trier, et le travail de sape extrême-
ment pénible. Aussi fallut-il près de
trois mois d'efforts opiniâtres, et des prodiges persévérants de bravoure, pour ar-

river à terminer la première parallèle, à assurer toutes les communications entre les postes, à couvrir tous les points exposés, et à établir convenablement les batteries de position. Enfin, le 6 janvier 1782, le feu de l'artillerie espagnole, déjà commencé contre divers ouvrages, put être ouvert sur toute la ligne avec une grande intensité.

Trente-deux pièces lançant des projectiles de vingt-quatre livres, et quarante mortiers ordinaires, accablèrent les défenses de Port-Mahon. Deux des principaux ouvrages, le fort Marlborough et la redoute de la Reine, furent bombardés avec un tel acharnement, qu'au bout d'une semaine ils étaient devenus intenables. L'ennemi les évacua, et, à partir de ce moment, son feu ne riposta plus qu'avec peine au tir des batteries assiégeantes.

En arrivant, La Tour d'Auvergne avait remis au duc de Crillon la lettre du duc de

Bouillon, dont nous extrayons ce qui suit :

« Je prends, Monsieur le duc, l'intérêt le plus vif et le plus tendre à M. de La Tour d'Auvergne-Corret.

« ... Il a un désir extrême de servir sous vos ordres. Je suis bien assuré qu'il s'acquittera, avec autant de bravoure que d'intelligence et d'exactitude, des détails que vous voudrez bien lui confier. Je l'aime tendrement et je serai infiniment touché des bontés que vous voudrez bien accorder à cet officier. Je ne les réclame qu'avec la certitude qu'il s'en rendra digne ; ce sera un service que vous me rendrez, en le mettant à portée, sous vos ordres, de justifier l'excellente opinion que je désire donner de son mérite et de son talent... »

Le fort Saint-Philippe formait la citadelle de Port-Mahon ; c'était là que l'art des ingénieurs avait réuni les ouvrages les plus difficiles à battre, et le feu de cette citadelle avait fait beaucoup de mal, depuis l'ouverture du siège, aux troupes franco-espagnoles qui attaquaient la place. La Tour d'Auvergne trouva l'occasion admirable pour perfectionner les études de fortification qu'il avait faites pendant ses loisirs. Le duc de Crillon le reçut avec affabilité et s'intéressa à lui sur la présentation de la lettre donnée plus haut. M. de Villeblanche, un de ses amis, lui fit parvenir un plan détaillé du fort Saint-Philippe. On vit alors La Tour d'Auvergne s'approcher de la citadelle, dépasser même la seconde parallèle qui venait d'être amorcée, et s'exposant plus d'une fois, entièrement à découvert, au tir des assiégés, étudier, son plan à la main, les abords des ouvrages de l'ennemi. Il s'avançait de la sorte jusqu'à moins de cent mètres des glacis, étonnant tout le monde par son sang-froid intrépide. D'ailleurs il n'avait point attendu le mois de janvier pour faire ses preuves de courage :

Le 12 novembre, à neuf heures du soir, l'obscurité étant par conséquent complète, les assiégés avaient fait une sortie, espérant surprendre les canonniers dans leur batterie, les massacrer et enclouer leurs pièces. La Tour d'Auvergne était attaché aux volontaires de Catalogne, dont il avait refusé le commandement, par égard pour les officiers espagnols. Il s'élance sur l'ennemi à la tête des Espagnols, le repousse et, de sa main, fait prisonnier un caporal anglais. Le duc lui fit présent de l'armement de caporal, en manière de trophée rappelant sa belle action.

Une autre fois, après un combat où les troupes catalanes avaient également repoussé les Anglais, La Tour d'Auvergne voit un soldat blessé sur le glacis et qui ne peut se relever. Il sort des rangs, court au blessé malgré le feu épouvantable des ennemis, le charge sur ses épaules et revient avec lui jusqu'aux soldats catalans, saisis d'admiration à la vue d'un si tranquille courage.

Tous ces faits d'armes sont relatés
dans le rapport du duc de Crillon, sur
l'expédition de Minorque. Nous ne pouvons mieux parler de La Tour d'Auvergne
que ce général n'en a parlé lui-même :
« Toujours dans les postes les plus périlleux, dit M. de Crillon, il étonne les
Espagnols et les Anglais par cent traits
de la plus brillante intrépidité. *Il incendie
une frégate anglaise sous le feu du canon
et de la mousqueterie de la place; il
met le feu à un bâtiment munitionnaire
au milieu même des ennemis...*

« ... Sa bonne conduite, sa brillante
valeur, jointe à la plus grande douceur
de caractère et à un excellent cœur, lui
ayant attiré l'estime, l'amitié et le suffrage général des deux armées, je le
choisis, le 25 décembre, pour commander
en second les volontaires de mon nom,
que je faisais moi-même un plaisir d'honorer par ce choix. Je le lui déclarai à

l'heure de l'ordre, et en présence des officiers généraux de l'armée, de l'état-major et des autres chefs. Il me répondit avec sa modestie ordinaire, qu'il était venu s'instruire et non pour prendre un commandement, qu'il jugeait devoir appartenir de préférence aux braves et intelligents officiers espagnols qu'il voyait combattre journellement... Afin que le fruit du travail de M. de La Tour d'Auvergne-Corret, et de l'attachement constant qu'il a montré, dans l'armée que je commandais, à tous les devoirs qui doivent former les meilleurs officiers, ne soit pas entièrement perdu pour lui, je l'ai prié de vouloir bien accepter ici ce témoignage authentique de mon estime particulière pour lui, et de tous les sentiments de satisfaction que sa valeur, son zèle, son désir de s'instruire, et enfin toutes les vertus sociales que j'ai reconnues en lui, m'ont inspiré pour sa personne. »

CHAPITRE IV

DÉCEPTION

Le 13 janvier 1782, au moment où le feu de la seconde parallèle, ouvert contre le fort Saint-Philippe, annonçait que le siège de Port-Mahon entrait dans sa période décisive, un officier du baron de Falkenheim arrivait à l'improviste et remettait à La Tour d'Auvergne une lettre venant de ce général, et conçue en ces termes :

« Mahon, 13 janvier 1782.

« Je dois vous prévenir, Monsieur, que, suivant la lettre du 20 décembre que je viens de recevoir de M. le marquis de Ségur, il désapprouve tellement la démarche que vous avez faite, de passer dans cette île, malgré les ordres du roi, que je vous ai signifiés dès votre arrivée à Toulon, que, si vous prolongez votre séjour dans cette île, le ministre ne pourra s'empêcher d'en rendre compte à Sa Majesté, qui nommera à votre emploi. J'ai l'honneur, etc. »

Le coup fut rude pour La Tour d'Auvergne. Ainsi, non seulement on ne lui tenait nul compte de sa bonne volonté de servir et des faits d'armes qu'il avait accomplis, mais encore on le rappelait en France en lui infligeant un blâme des plus sévères, et on y ajoutait encore la menace de le destituer, de le rayer des cadres de l'armée !

Certes, il y avait là injustice, et injustice flagrante, au point de vue de l'absolue équité, car la situation irrégulière où s'était placé La Tour d'Auvergne était loin de suffire à donner lieu à une semblable sévérité.

Il est regrettable qu'en maintes circonstances les hommes chargés d'interpréter les règlements en aient fait une application si étroite à des gens de cœur, dont le zèle atténuait l'imprudence, tandis qu'ils montraient une indulgence coupable envers des officiers que ne recommandaient ni des talents spéciaux ni des services extraordinaires. La Tour d'Auvergne ne pouvait se reprocher qu'un seul acte, à savoir d'être parti avant même d'avoir une réponse du ministère ; mais on a vu que la lettre du baron de Wimpffen lui permettait de croire qu'il ne serait pas inquiété là-dessus. L'irrégularité subsis-

tait sans doute, et nous n'avons aucune
envie de la contester; mais encore ne fal-
lait-il pas la confondre avec un refus
d'obéissance.

Le général de Wimpffen était mort peu
après le départ de La Tour d'Auvergne
pour Minorque: s'il avait vécu, il eût pu
montrer au ministre, M. de Ségur, la lettre
qu'il avait lui-même écrite à La Tour
d'Auvergne et que nous avons précédem-
ment reproduite. Cette lettre eût été certainement une excuse pour le volontaire
de Port-Mahon. Mais, le baron de Wimpffen mort, personne ne prit en main la
cause de La Tour d'Auvergne, et ne
donna à M. de Ségur, un éclaircissement
sur les circonstances exactes de cette
affaire.

Sous l'impression de cette disgrâce
imméritée, La Tour d'Auvergne écrivit à
M. du Timeur une lettre dont il est nécessaire de donner ici les passages essen-
tiels :

« De Mahon, sous le fort Saint-Philippe,
14 janvier 1782.

« Je reçois à l'instant, mon cher frère,
votre lettre du 30 novembre, et j'y ré-
ponds, sans différer un moment, étant
dans les termes de mon départ de Mahon
pour me rendre en France, attendant à
chaque minute que le bâtiment sur lequel
je dois m'embarquer mette à la voile. La
lettre que je reçus hier de M. de Falkenheim, général de l'armée française, et
dont je vous envoie ici copie, vous mettra
au fait, en deux mots, de ce qui me
regarde; un coup de massue ne m'aurait
pas plus abasourdi.

« Je ne me permets aucune réflexion,
mon cher frère, sur tout ce que cette lettre
renferme de dur pour moi; les plaintes,
dans notre état, sont toujours déplacées;
je gémis seulement très amèrement sur
la rigueur de mon sort, d'avoir passé ici
tout le pénible du siège, et au moment

où, après trois mois complets de service
sans distraction, à bien dire, d'un seul
jour, je m'attendais à en recueillir quelque
fruit, je reçois l'ordre de retourner en
France.....

« ... C'est un des événements que toute
la prudence humaine n'aurait pu prévoir;
vous connaissez mon extrême sensibilité,
et ce que je dois souffrir au moment où je
vous écris; *mais ne croyez pas pour cela
mon âme abattue par ce revers; il me semble que je trouve dans mon malheur même
de nouvelles forces.* J'aurais trop à rougir,
si je croyais avoir à me justifier d'une
imputation de désobéissance. J'ai toujours
trouvé qu'il y avait un intervalle immense
entre ma conduite et un acte de désobéissance; quand on se trompe, on commet
une méprise et rien de plus; c'est le cas
où je me suis trouvé au vis-à-vis de Falkenheim, qui, me mandant que ses ne-
veux n'avaient pu obtenir de passer avec
lui que parce qu'ils avaient un semestre,

semblait m'indiquer que je pouvais, par
les mêmes moyens, suivre la même route
qu'eux. La sensibilité extrême que M. le
général duc de Crillon m'a témoignée sur
l'événement qui me regarde m'a pénétré
jusqu'à l'âme; il a poussé la prévenance
obligeante jusqu'à m'offrir de prendre sur
lui mon séjour dans ce pays, jusqu'à la
consommation du siège et de faire demander cette grâce par la cour d'Espagne à
celle de la France. Je n'ai pu consentir à
cette offre, prévoyant ce qui en résulterait
un jour de fâcheux pour moi dans mon
service, de n'avoir pas déféré, sans réplique et sans remise, aux ordres de mon
roi. Je pars pour Versailles avec des lettres
du général de la plus intime recommandation pour M. de Ségur, auquel il me
demande pour aide de camp.

« ..... A sonder mes plaies, mon cher
frère, depuis trois mois passés que je suis
à ce siège, je ne m'en trouve d'autre que
dans le cœur, que j'ai à la vérité très

ulcéré. Je n'ai éprouvé ici que les faveurs
des hasards de notre métier, deux légères
contusions, l'une au bras droit et l'autre
à la poitrine, qui ne m'ont même pas
fait garder la chambre...

« Ma santé est meilleure qu'elle n'a jamais été, quoique, sur quatre nuits, j'en
aie passé régulièrement trois au bivouac
depuis plus de trois mois... »

A cette lettre, il convient de joindre
celle que le duc de Crillon écrivit au duc
de Bouillon à ce sujet, et qui, pleine
des témoignages les plus flatteurs pour
La Tour d'Auvergne, renferme un admirable éloge de sa personne.

« Vous m'avez fait, mon cher duc, l'honneur de me recommander M. de La Tour
d'Auvergne-Corret. J'ai celui de vous
recommander aujourd'hui mon ami, et
un des hommes que j'aurais le plus
envie de servir. Les qualités honnêtes de
son âme égalent sa valeur, qui est la plus
brillante, la plus froide et la plus éclairée;

et, sans avoir acquis les talents des héros de votre sang, dont il porte le nom, il annonce en tout qu'il est digne de le porter. Je vous remercierai toute la vie de me l'avoir fait connaître, mais je vous serais encore plus obligé d'obtenir de la cour la permission pour lui de revenir me joindre comme aide de camp; j'écris par le même courrier au ministre de la guerre, pour le lui demander comme une grâce. Aidez-moi, je vous prie, de toutes vos forces... »

Ces généreux sentiments sont encore manifestés par le duc dans une lettre très belle qu'il écrit à la duchesse de Crillon, en date du 18 janvier. Il assimile La Tour d'Auvergne aux anciens paladins français et il parle de la *douleur* que lui-même éprouve à se voir privé « d'un aussi brave homme, aussi froid et aussi clairvoyant dans les occasions, et dont l'exemple faisait honneur aux Français, et répondait en tous les points aux qualités admirables et infatigables de la nation espagnole..... il va se rendre à son devoir et emporte avec lui l'estime et l'amitié des deux nations ».

Quelques jours après avoir reçu l'ordre de son rappel, La Tour d'Auvergne repartait pour laFrance.

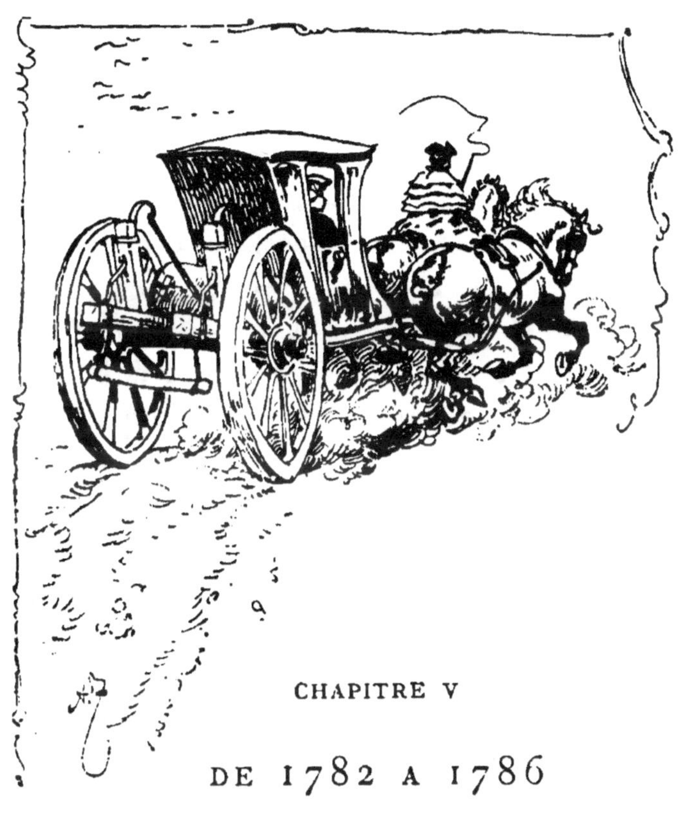

CHAPITRE V

DE 1782 A 1786

Suivant l'avis émis par le duc de Crillon, pour utiliser les lettres de recommandation de ce général, La Tour d'Auvergne se rendit à Versailles, pour demander à retourner à Mahon en qualité d'aide de camp. Mais il ne comptait plus sur le succès d'aucune démarche, et l'échec de cette dernière tentative ne lui causa nulle surprise.

Il raconte son insuccès, en écrivant de Paris, à sa sœur, le 16 février 1782 :

« Ma très chère sœur, dans la foule des sentiments qui m'agitent à ce moment, au milieu de nos plus grands embarras, je n'ai rien de plus cher et de plus empressé que de répondre à la lettre que vous m'avez fait l'amitié de m'écrire en dernier lieu de Guingamp, et que j'ai reçue, au moment où je partais de Mahon pour retourner en France...

« J'ai trouvé mon frère [1] ici le même que je l'y avais laissé, il y a deux ans : même logis, mêmes goûts, mêmes habitudes, disant et répétant sans cesse qu'il a besoin de son temps, que si ceux qui en ont de reste voulaient bien lui en faire présent, sa reconnaissance envers eux serait grande ; j'ignore absolu-

---

[1]. Thomas de Corret

ment à quoi il emploie ce temps ; ne voulant me mêler de ses actions en aucune manière, je ne suis entré à cet égard dans aucun détail avec lui ; sa conduite est celle d'un anachorète ; il a une horreur pour le sexe, qui ne se peut concevoir ; il ne parle plus à sa vieille hôtesse que pour lui remettre chaque mois le loyer de sa chambre...

« ... Il y a quelques jours que je suis ici de retour de Mahon. Toutes mes protections, les ducs de Crillon et de Bouillon, l'ambassadeur d'Espagne, M. le marquis de Livron, mon inspecteur, M. de Frémens, les duchesses de Crillon et de Narbonne, les enfants mêmes de M. de Ségur, ont usé leur constance auprès de ce ministre, pour en obtenir de reprendre ma station devant Mahon, d'aller rejoindre le général, comme son aide de camp, il s'est montré inexorable. J'ai tenté même tous les moyens extrêmes, ceux de ma démission ; ils ne m'ont

pas mieux réussi ; je pars demain, par
ordre du roi, pour mon régiment en garnison à Strasbourg, sans pouvoir aller
passer ailleurs le reste de mon semestre.

« Voilà la punition qu'on m'a infligée.
Tous les gens de qualité, les seigneurs
de la cour, qui avaient demandé d'aller à
Mahon, et que le ministre avait refusés,
ont jeté les hauts cris, quand ils l'ont vu,
l'ont taxé d'injustice ; il a fallu leur prouver que je n'y étais pas par son ordre,
et j'ai été rappelé. Mon plus grand malheur aujourd'hui vient de ce que le général de Crillon a été trop prodigue de ses
bontés envers moi, qu'il a trop recherché
à me faire ressortir ; l'envie et ses effets
ont été les taxes que j'ai payées en cette
occasion, pour tant de faveurs ; elles ont
fait mon bonheur et troublent aujour-
d'hui celui de toute ma vie. En effet, j'ai
partagé avec le général et ses soldats
tout le pénible et le dur du siège, et me
voici rappelé et renvoyé à mon régiment

au moment où il n'y avait plus que des succès et de la gloire à espérer...

« ... Une grande sévérité de principes m'a mis en butte à beaucoup d'aigreur, de la part des ministres, sans que j'ai encore pu noircir ma démarche auprès de M. de Crillon par un lâche repentir. D'ailleurs, l'humeur du ministre n'est que de situation, je joue le beau rôle en tout ceci, et tôt ou tard on me rendra justice. Je vais directement à Bouillon pour y prêter serment, afin de jouir un jour de l'effet de mes lettres de naturalité. Je vous envoie copie de la dernière lettre que j'ai reçue de M. le duc ; je vous enverrai l'original de Strasbourg, mais vous voudrez me le renvoyer, étant d'une nature à ne pas m'en séparer. »

Aussitôt après avoir prêté serment à Bouillon, La Tour d'Auvergne fit route pour Strasbourg ; à son arrivée, ses camarades d'Angoumois le reçurent d'une façon particulièrement cordiale, tant

pour lui prouver à quel prix ils mettaient
la bravoure déployée par leur collègue
devant Mahon, que pour le consoler de
son imméritée disgrâce.

Profondément attristé néanmoins de
l'issue qu'avaient eue ses efforts pour
servir activement et conquérir des grades, La Tour d'Auvergne songeait à trouver une autre occasion de contraindre en
quelque sorte la fortune : ayant appris,
par une lettre flatteuse de l'ambassadeur
d'Espagne, la chute de Mahon et sa remise aux troupes franco-espagnoles (4 février 1782), il pensait à l'expédition
alors projetée contre Gibraltar, et qui
devait être également conduite par le duc
de Crillon. Mais ses démarches n'aboutirent pas, et, l'année suivante, en 1783,
la paix intervenue entre la France et
l'Angleterre vint lui enlever jusqu'aux
faibles espérances qu'il nourrissait encore de ce côté.

Il avait décidé, en effet, avant la con-

clusion du traité de Paris, de prendre
du service dans l'armée espagnole, et
l'un de ses protecteurs, le commandeur
de Rozan, lui avait écrit à ce propos une
lettre, dont nous extrayons un passage
significatif : « Je sais, Monsieur, que si
vous voulez entrer au service de l'Espagne, vous n'avez qu'à parler, et que le
duc (de Crillon) vous fera ouvrir la carrière militaire, comme vous le désirez...
Voilà la carrière qui vous est ouverte
pour satisfaire cette soif de passion guerrière que vous avez dans le cœur, et à
laquelle vous joignez tous les sentiments
de la plus parfaite honnêteté. Comment
ne seriez-vous point passionné pour la
vertu guerrière, lorsque nous la voyons
en vous, rehaussée par le désintéressement, la loyauté, la franchise, la fidélité
dans l'amitié, et la noble ambition d'approcher des grands modèles, et de justifier les rapports de parenté qui vous
unissent au héros, à la fois honnête

homme et grand homme de guerre, dont la mémoire est si chère aux Français ? »

A cette lettre, La Tour d'Auvergne répondit en acceptant les offres du commandeur, et en expliquant pourquoi il désirait servir quelque temps dans l'armée espagnole :

« L'assurance que je reçois de votre part des sentiments d'attachement, dont M. le duc veut bien m'honorer, me touche infiniment plus que toutes les grâces, dont j'aurais pu être redevable à sa recommandation... *Je laisse à part tous les avantages que je pourrais avoir ailleurs que dans ma patrie. Le profond sentiment de mes malheurs, des chagrins que j'ai éprouvés, n'a pas épuisé mon attachement pour elle ; il ne s'éteindra jamais,* et si je recherche des occasions de m'absenter, avec l'agrément de la cour, ce n'est que pour me ménager un jour les moyens d'y venir porter les connaissances que mon travail, mon expérience et les occasions de guerre m'auraient données, *afin de mieux mériter d'elle...* »

Comme nous l'avons dit, la paix de 1783 vint mettre les projets de La Tour d'Auvergne à néant. Son chagrin augmenta, et sa santé fut très éprouvée. Divers ennuis pécuniaires préoccupaient son esprit, et, d'autre part, la mort imprévue d'un de ses oncles l'affecta vivement. Ses travaux littéraires et historiques, dont nous aurons bientôt à nous occuper, étaient la seule distraction qui lui fît oublier sa situation présente.

Dans les derniers mois de 1783, Thomas de Corret, frère de La Tour d'Auvergne, tomba gravement malade. La Tour d'Auvergne se rendit en hâte à Paris, et trouva son frère très souffrant, mais, au dire des médecins, hors de tout danger immédiat. En février, se sentant rassuré sur le compte de Thomas, il fit une courte excursion aux environs de Paris. A son retour, quelle ne fut pas sa

stupeur d'apprendre que ce frère était
mort très vite, emporté par une brusque
recrudescence de la maladie !

Très frappé de cette douloureuse catastrophe, La Tour d'Auvergne partit presque aussitôt, et, sans retourner à Strasbourg, rejoignit son régiment qui venait
d'être envoyé dans le Midi, à Collioure.
Il y reprit son service, en proie à un chagrin profond, et s'absorbant tout entier
dans ses études philologiques, dès qu'il
avait un moment de libre. C'est le
29 octobre de cette année 1784, que,
son tour d'ancienneté étant enfin arrivé,
il fut nommé capitaine en second.

Ainsi donc, malgré ses mérites et
ses actions d'éclat, La Tour d'Auvergne
était resté lieutenant pendant dix-sept
années! N'y avait-il pas de quoi décourager plus d'une âme énergique, plus d'un
caractère solidement trempé ?

CHAPITRE VI

VOYAGE EN ESPAGNE

En l'année 1785, le régiment d'Angoumois fut envoyé à Perpignan. La Tour
d'Auvergne eut à s'occuper du mariage
de sa nièce, fille de M. Limon du Timeur.
M. du Timeur avait fini, comme son beau-
frère, par attacher une grande importance aux titres et à la naissance. Aussi,

avant de conclure les arrangements rela-
tifs au mariage de sa fille, il écrivit à La
Tour d'Auvergne, pour le prier de demander au duc de Bouillon d'autoriser
Mme du Timeur à porter le nom de La
Tour d'Auvergne. La Tour d'Auvergne
approuva fort ce désir de son beau-frère,
et obtint sans peine du duc de Bouillon
l'autorisation attendue. De cette façon, sa
sœur put figurer au contrat de mariage
de sa nièce, sous le nom de Marie-Anne-
Michelle de La Tour d'Auvergne-Corret.

Ces démarches ne pouvaient qu'encou-
rager cette sœur de La Tour d'Auvergne
à reprendre une question déjà plusieurs
fois soulevée, celle du mariage de La
Tour d'Auvergne lui-même. Mais cette
fois comme les précédentes, les sollicitations de Marie-Anne-Michelle n'eurent
point de succès. Notre héros se refusait
absolument à engager des négociations
quelconques en cette matière, et déclarait clairement sa résolution de ne point

se marier. Sa santé chancelante lui fournissait un motif sérieux de refus ; il pouvait alléguer également des préoccupations de fortune, et la disproportion qui existait entre sa carrière actuelle et celle qu'il avait rêvée. Une autre raison, dont il ne parlait point, était beaucoup plus forte encore que celles-là : plusieurs de ses biographes ont fait allusion à un amour de jeunesse qui s'était autrefois emparé du cœur ardent de La Tour d'Auvergne, et qu'il avait dû taire, n'entrevoyant aucune issue possible à la situation qu'un aveu eût créée. M. du Châtelier a eu les preuves en main de la réalité de ce sentiment, qui dura plus de trente années sans se démentir.

En 1786, La Tour d'Auvergne, ayant obtenu un nouveau congé de semestre, le consacra à un voyage en Espagne. Il désirait faire valoir, sur des promesses qu'on lui avait données, les droits si glorieusement conquis par lui au siège de

Port-Mahon. Y comptait-il être très écouté ?
Sa correspondance le montre assez scep-
tique sur ce point. Heureusement, les
recommandations puissantes ne lui faisaient pas défaut.

Ce voyage eut de bons résultats pour
La Tour d'Auvergne. On reçut l'officier
français avec la cordialité la plus grande,
et l'ambassadeur de Louis XVI à Madrid
s'employa pour lui faire obtenir tout ce
qu'il pouvait désirer. Une lettre de La
Tour d'Auvergne en fait foi :

« De Madrid, le 25 mars 1786.

« La cour est au Prado, à deux lieues
de Madrid. M. le duc de La Vauguyon,
notre ambassadeur, qui me comble de
bonté, doit me présenter au roi et aux
ministres après-demain 27, ou, au plus
tard, le 29 de ce mois. Je n'ai encore fait
aucune démarche auprès de M. le comte
de Florida Blanca ; ayant voulu auparavant employer quelque temps à sonder le

terrain, mon sort pouvant dépendre de mon début et de la manière dont j'engagerai le premier pas. J'ai des amis ici et des protecteurs en place. Ma position paraîtrait peut-être faite pour donner de la confiance à quelqu'un, moins accoutumé que je le suis, aux contrariétés en tout genre, et semblerait devoir m'attirer d'autant plus d'assistance, de la part des Espagnols, auprès de leur cour ou de la mienne, que je n'ai été malheureux que pour avoir servi leur cause; mais les services passés sont comme de vieilles dettes qu'on a toujours beaucoup de peine à recouvrer. Je crains d'en être pour des promesses, pour mon voyage d'Espagne et ma campagne de Mahon. Je sens pourtant que je ne pouvais pas faire d'aussi grands sacrifices à la nation espagnole.

« Recommandé comme je l'ai été, j'ai trouvé accès ici dans les maisons illustres; mais il manque à ma satisfaction d'avoir quelque assurance positive de retirer des fruits un peu plus solides de mon voyage que ceux de purs agréments de société.

« Je suis obligé, mon cher frère, de me renfermer avec vous dans les bornes d'une lettre et de la discrétion en vous parlant de Madrid et de l'Espagne ; j'en suis bien dédommagé par le plaisir que j'ai de vous répéter ici mille fois combien je vous suis attaché. Votre frère et ami,

« LA TOUR D'AUVERGNE-CORRET. »

Les démarches de La Tour d'Auvergne aboutirent, et il reçut la décoration de l'ordre de Charles III d'Espagne. Cette distinction, purement honorifique, ne changeait rien à la situation même de La Tour d'Auvergne, mais il en fut heureux et s'en montra reconnaissant au gouvernement espagnol, car, nous le savons, il attachait bien plus de prix à un honneur de ce genre qu'à n'importe quel avantage matériel. Une lettre de Guingamp lui apprit que le mariage pro-

jeté pour sa nièce s'était accompli :
Mlle du Timeur avait épousé M. Guillart
de Kersausic.

Ce mariage était conforme aux vœux
les plus chers de La Tour d'Auvergne et
à ses idées quelque peu étroites, entêtées
de noblesse, comme on eût dit alors, que
nous lui avons déjà vu émettre dans sa
correspondance. Cette fois encore, cinq
mois avant de partir pour l'Espagne, il
avait mis, dans une lettre à sa sœur, des
recommandations caractéristiques, qui
nous doivent sembler assez étranges :

« Mon beau-frère est libre de prendre
la qualité d'avocat (dans le contrat de mariage) : c'était celle de mon père, et je
m'en fais honneur; mais je crois qu'il
ferait bien (sauf meilleur avis) de n'en
prendre d'autre que celle de *noble sieur...*

« Vous ne me dites pas un mot de nos
partages; où en sont-ils? Vous n'aurez
sûrement pas manqué de les faire faire à
l'instar du premier, *c'est-à-dire nobles...* »

Son congé touchant à sa fin, La Tour
d'Auvergne quitta Madrid et partit pour
son régiment, envoyé à Bayonne et Saint-
Jean-de-Luz ; ces deux villes étant très
voisines l'une de l'autre, le même corps
y tenait garnison, en se fractionnant
suivant les besoins du service. La Tour
d'Auvergné y reprit ses études, et poussa
activement son livre des *Origines gauloises,* dont nous allons avoir à expliquer
l'idée principale. Deux ans et demi sé-
parent la rentrée de La Tour d'Auvergne
en France du grand événement qui allait
complétement modifier son avenir. Con-
sidérons cette courte période comme une
halte dans sa vie active ; l'instant est convenable pour jeter un coup d'œil sur les
travaux philologiques du brave officier
d'Angoumois.

CHAPITRE VII

ÉTUDES ET RECHERCHES DE LA TOUR D'AUVERGNE

La première idée du livre des *Origines gauloises* fut conçue par La Tour d'Auvergne vers la fin de son séjour au collège de Quimper, et depuis il ne cessa de mûrir son projet de jeunesse pour le mener à bonne réalisation.

Une fois lieutenant au régiment d'Angoumois, La Tour d'Auvergne s'occupa de réunir les matériaux qui devaient lui servir plus tard. Non seulement il étudiait de son mieux l'histoire des anciens peuples par une lecture assidue des auteurs latins et grecs, mais il comparait entre eux, suivant les garnisons où il se trouvait, les dialectes locaux en usage dans les différentes provinces de la France. Les circonstances le favorisèrent à ce point de vue, car le régiment d'Angoumois alla successivement, comme nous avons eu lieu de le raconter, à Marseille, Avignon, Montauban, Belfort, Strasbourg, Collioure, Perpignan, Bayonne. A cette liste il faut encore ajouter Grenoble et quelques autres villes. De plus, La Tour d'Auvergne avait fait des voyages, où il avait poursuivi la même étude : deux surtout sont à noter, son voyage d'Espagne, et le temps qu'il passa à Bade, à deux ou trois reprises différentes.

De 1767 à 1784, La Tour d'Auvergne réunit de la sorte de nombreux renseignements philologiques et historiques, et arriva à posséder, en outre, une collections de médailles et de monnaies qu'eût envié plus d'un numismate. Il perfectionna également ses connaissances en archéologie générale, et apprit un grand nombre de langues vivantes. Il put en étudier quelques-unes d'assez près, comme l'italien, l'allemand, l'espagnol, l'anglais; il n'en apprit certaines autres que d'une manière très imparfaite; dans la suite, divers événements le mirent à même de compléter quelques-unes de ses recherches de linguistique.

C'est à Strasbourg, en 1783, que La Tour d'Auvergne commença d'écrire le livre qu'il avait longuement préparé. En même temps qu'il traçait le plan de cet ouvrage et coordonnait les documents qui le devaient former, il composait un opuscule séparé sur les rapports de la langue bretonne et de la langue allemande. Cette dissertation fut soumise par l'auteur aux deux municipalités catholique et protestante de Strasbourg, qui toutes deux l'approuvèrent. La Tour d'Auvergne ne négligea point d'adresser au duc de Bouillon, son protecteur, une copie du manuscrit de sa dissertation.

Le but de La Tour d'Auvergne était de démontrer que les Celtes — et pour lui les Bretons étaient les représentants par excellence de la race celte — devaient être considérés comme la souche première des autres peuples de l'Europe, et que les langues anciennes et modernes dérivaient directement de la langue celtique. La Tour d'Auvergne n'énonce pas à vrai dire cette proposition telle que nous la donnons ici, mais elle ressort du sous-titre des *Origines gauloises*, et surtout de l'ensemble de l'œuvre. D'ailleurs, ce n'est un mystère pour personne, que cette croyance était celle de la plupart des cel-

tologues de la fin du dix-huitième siècle,
dont Le Brigant fut le chef reconnu et
écouté.

Il est facile de voir tout ce que cette
théorie présente d'erroné, tant au point
de vue de l'ethnographie qu'à celui de la
linguistique. La Tour d'Auvergne ne se
doutait point du rôle du sanscrit et
du zend dans la naissance et le dévelop-
pement des langues européennes. Les lois
précises de la phonétique et de l'étymo-
logie lui étaient à peu près inconnues.
En outre, comme Le Brigant, il avait
« plus d'enthousiasme que de critique »,
et l'érudition sans critique ne peut arriver à des résultats scientifiquement vala-
bles.

Malgré ces défauts, qui restreignent
considérablement la portée des *Origines
gauloises*, il faut accorder à La Tour
d'Auvergne, outre le mérite d'un patient
et consciencieux labeur, celui d'avoir plusieurs fois *deviné* des analogies que les

travaux d'Eugène Burnouf et de beaucoup
d'autres ont établies dans la suite d'une
matière mathématique. La Tour d'Auvergne est aussi l'un des premiers auteurs
qui aient présenté un ensemble des mots
gaulois ou celtiques cités par les auteurs
latins, et démontré leur identité ou leur
parenté étroite avec les mots qu'emploient,
pour les mêmes objets, les habitants ac-
tuels de la Bretagne.

Or, ce procédé, bien qu'il ne puisse de
loin suffire aux recherches d'un vrai phi-
lologue, a ici une sérieuse valeur, et l'on
doit savoir gré à La Tour d'Auvergne d'y
avoir insisté. En effet, les mots d'origine
celte, cités par les auteurs de l'antiquité
romaine ou même grecque, sont au nombre de *sept cents* environ. La comparaison
de ces mots avec les termes correspon-
dants en usage dans le bas-breton moderne prouve que cette dernière langue
n'est qu'une altération du pur langage
celte de l'ancienne Armorique. M. de la

Villemarqué, après La Tour d'Auvergne,
a cité l'exclamation du chef gaulois ordon-
nant à un cavalier de relàcher César :
cecos Caesar! Cette parole, rapportée
par Servius d'après les *Ephémérides* de
César lui-même, avait fourni à La Tour
d'Auvergne le texte de tout un paragraphe
de son livre.

Ces comparaisons fournissent de précieux renseignements quant à la distribution géographique des anciens dialectes
celtes : ainsi Marcellus Burdigalensis cite
une expression celtique, alors usitée près
de Bordeaux, et qui se retrouve textuel-
lement aujourd'hui dans le gaëlique
irlandais. Les noms donnés par les Ro-
mains aux villes de la Gaule viennent aussi
à l'appui de ces découvertes : *Uxellodu-
num* signifie la *haute montagne,* si l'on se
rapporte au bas-breton actuel, de *uc'hel,*
haut, élevé, et de *dun,* montagne; de
même *Brannodunum,* qui veut dire *montagne des corbeaux.* La partie du livre de

La Tour d'Auvergne qui a trait à la comparaison du langage breton et des mots tirés d'auteurs latins a donc une importance réelle et témoigne de vues ingénieuses comme aussi d'une solide érudition.

C'est donc dans un espace de six années, de 1783 à 1789, que La Tour d'Auvergne classa les matériaux qu'il avait réunis, et écrivit son livre des *Origines gauloises*, qui parut en 1790. A cette première édition, faite sous le titre suivant : « *Nouvelles recherches sur les Langues, l'origine et les antiquités des Bretons, pour servir à l'histoire de ce peuple*, par M. L. T. D. C., capitaine au 80e régiment d'infanterie, Bayonne, chez Pierre Fauvet », en succéda une seconde, datée de 1792, puis une troisième, faite seulement en 1797, et dont l'intitulé portait

Origines gauloises.

avec ce sous-titre :

« *Origines des plus anciens peuples de l'Europe, puisées dans leur vraie source, ou Recherches sur la langue, l'origine et les antiquités des Celtes-Bretons de l'Armorique, pour servir à l'histoire ancienne et moderne de ces peuples et à celle des Français;* par le citoyen La Tour d'Auvergne-Corret, etc. »

Les deux premières éditions, celles de 1790 et de 1792, sont devenues très rares : les exemplaires en sont aujourd'hui à peu près introuvables, La Tour d'Auvergne en ayant fait détruire le plus grand nombre, par suite des erreurs qu'il jugeait s'être trop fréquemment glissées dans son travail. La Bibliothèque nationale en possède un pourtant, de 1792, fort curieux, qui fut donné par l'auteur, à Bayonne sans doute, à l'un de ses amis et collègues, le chevalier Duvout. Plus tard, lorsque La Tour d'Auvergne fut devenu illustre, le propriétaire du volume colla sur le premier feuillet un portrait gravé de l'auteur, et écrivit quelques lignes que nous transcrivons

ici, en respectant scrupuleusement l'or-
thographe de l'estimable chevalier :

« Cet exemplaire m'a éttée donnée par
« l'auteur, M. de Latour d'auvergne-Corret,
« capitaine au régiment d'angoumois avec
« lequel j'ai servi, près de 14, ans, et je
« compte le garder comme une preuve de
« son extime auxquels j'ai toujours attaché
« le plus grand prix. »

« Le chevalier Duvout. »

Nous avons sommairement indiqué les
mérites et les défauts des *Origines gauloises* ; mais ce qu'il faut bien répéter
c'est la généreuse pensée de patriotisme,
francais et breton tout à la fois, qui a
guidé La Tour d'Auvergne dans ses travaux d'érudition. Cette œuvre, tout incom-
plète qu'elle soit, honore sa mémoire au
même titre que ses faits d'armes et que
ses vertus civiques.

Carhaix où est né La Tour d'Auvergne

CHAPITRE VIII

1789

Tout en mettant la dernière main à son traité des *Origines gauloises*, La Tour d'Auvergne continuait à remplir avec zèle ses fonctions de capitaine au régiment d'Angoumois. On effectuait alors des travaux considérables dans le port de Saint-Jean-de-Luz ; La Tour d'Auver-

20

gne, en particulier, avait la surveillance des ateliers du fort de Socoa, où il commandait un détachement de trois cents hommes environ.

Il donna pendant ce séjour des preuves manifestes de sa sollicitude pour les soldats placés sous ses ordres, qualité qu'il eut toujours au plus haut degré et qui lui valut l'attachement de ses grenadiers durant les campagnes de la Révolution. L'ingénieur qui se trouvait à Socoa et y dirigeait les travaux a publié dans le *Moniteur* la vigilance et le dévouement de La Tour d'Auvergne :

« L'eau de la citerne était trop crue, et il n'y avait qu'une petite source à un demi-quart d'heure du fort, dont l'eau n'était pas suffisante pour les soldats qui étaient obligés d'aller courir au loin ou d'attendre longtemps leur tour pour en avoir. Il ne cessait chaque jour de me parler d'y faire arranger une fontaine, comme je le désirais moi-même. J'obtins

quelques fonds, et l'on s'y mit aussitôt.
Il voulut deux bassins, l'un pour l'eau à
boire, et l'autre pour laver, afin de séparer les eaux qui auraient servi à cette
opération. Nous réunîmes dans un réser-
voir les différents filets d'eau, dont plusieurs se perdaient. Il y travaillait souvent de ses mains, pour hâter la jouis-
sance de ses soldats. Il avait ombragé
cette fontaine d'une manière agréable,
dans le vallon solitaire où elle se trouvait,
et il allait souvent s'y livrer à l'étude et
à la méditation.

« Il se baignait souvent à la mer, à
l'entrée du port de Socoa ; deux de ses
soldats se trouvant un jour entraînés par
la marée, il s'élança à leur secours ; il
est entraîné lui-même. Un jeune tambour, bon nageur, se précipite et le
sauve ; ses camarades sont également
mis à terre par les marins ; mais les spectateurs ont été pendant quelques ins-
tants, qui leur ont paru bien longs, en

proie à une horrible inquiétude. Ah !
brave jeune homme ! tu sais comme tu
fus porté en triomphe par tous tes camarades ! Comme tu fus béni d'avoir sauvé
leur commandant, mais plus encore, leur
ami. Il méritait ce titre, car il leur con-
sacrait la plupart de ses moments ; les
autres étaient employés à l'étude, ainsi
qu'à faire des notes sur les médailles
qu'il me montrait souvent et qui lui ser-
vaient à son ouvrage des *Origines gauloises.* »

Pendant ses congés et les loisirs de
son service, La Tour d'Auvergne avait
longuement réfléchi sur les questions
qui passionnaient tous les esprits de son
temps. Il avait lu Montesquieu aussi bien
que Polybe ou Montecuculli ; l'expérience de la vie, des réflexions sérieuses
sur les conditions d'existence de l'ancienne société, une étude approfondie de
la philosophie de l'histoire, ébranlaient
peu à peu ses idées premières, et les pré-

jugés qu'il avait reçus par état ou par éducation. A la veille de la Révolution, il sentait la nécessité d'une réforme des institutions publiques. Lorsque les principes nouveaux apparurent à cet esprit élevé, logique, dévoué par nature au droit et à la justice, ils ne purent manquer d'y faire une décisive impression, et l'année 1789 trouva La Tour d'Auvergne imbu des mêmes idées que Bailly ou La Fayette. Le héros de Port-Mahon appelait la liberté de tous ses vœux, et il vit dans la convocation des Etats généraux la date initiale d'une ère de force et de grandeur, destinée à laver la France des hontes accumulées par Louis XV.

On sait que des troubles et des émeutes accompagnèrent malheureusement les débuts de la Révolution de 1789. A Bayonne, La Tour d'Auvergne fut témoin d'une déplorable collision entre les bourgeois de la ville et les soldats de la garnison ;

mais sa présence d'esprit et l'autorité de
sa parole en imposèrent aux deux partis,
et il fut assez heureux pour rétablir l'ordre sans trop de difficulté. Il eut le
même rôle à remplir pendant un voyage
qu'il fit en Bretagne, mais cette fois les
circonstances étaient beaucoup plus graves. L'admirable élan patriotique de la
nuit du 4 août n'avait pu supprimer les
causes de trouble dans les provinces, ni
apaiser d'anciennes haines longtemps con-
tenues. Une disette cruelle désolait la
plus grande partie de la France, et occa-
sionnait des conflits parfois sanglants
entre différentes villes du royaume. La
lettre suivante de La Tour d'Auvergne
en donne un exemple très caractéris-
tique :

« 16, 17 et 18 octobre 1789.

« L'affaire qui m'a appelé à Lannion par
le suffrage de mes concitoyens, qui m'ont
associé MM. Haudoin, Robinet et Deffer-

rières, était si importante, que l'événement pouvait décider non seulement du sort de ces deux villes, mais même de celui de la province, peut-être du royaume. Une guerre civile en eût été nécessairement le résultat, si l'on n'était pas parvenu très promptement à une conciliation que nous avons eu le bonheur d'opérer, et qui, je l'espère, ne fera que resserrer les nœuds d'une union si importante et qui n'aurait jamais dû éprouver d'échec. Vous savez sans doute que des députés du comité de Brest, dépêchés dans différentes villes pour se procurer des grains pour le ravitaillement de cette ville, qui était presque en disette, ont été si grièvement insultés à Lannion, qu'ils ont failli d'y perdre la vie, et que les grains venant de Pontrieux y ont été arrêtés. Un rapport fait au comité de Brest, dans un instant où l'esprit des députés était très échauffé, a fait prendre pour constant que la ville entière de Lannion, même les

administrateurs publics, étaient fauteurs
ou complices de cette insurrection. Cette
opinion s'est malheureusement répandue
dans toute la province. Brest a fait marcher
à Lannion deux mille quatre cents hommes
et de l'artillerie ; toutes les milices nationales, par détachement, étaient déjà en
mouvement ou prêtes à s'y mettre. Sous
quatre jours, il y aurait eu plus de vingt
mille hommes en campagne, si Guingamp et Lannion ne s'étaient empressés
de dépêcher des courriers sur toutes les
routes. A notre arrivée à Lannion, dimanche au soir, l'appareil terrible des
troupes de Brest d'un côté, de l'autre la
consternation des Lannionnais, dont on
ne se fait pas d'idée, offraient le tableau
le plus touchant. Heureusement que,
dans environ douze heures, nous nous
sommes trouvés réunis les représentants
de dix à douze villes, qui avons senti
qu'à nous seuls appartenait le droit d'imposer la loi aux deux partis. Lannion a

recherché notre médiation ; Brest l'a acceptée. Mais elle ne pouvait avoir un heureux succès, si on ne parvenait à faire percer la vérité et à prouver que s'il y avait des mauvais sujets à Lannion, il y avait aussi de bons citoyens, et surtout que les administrateurs publics étaient de ce nombre. Il fallait enfin donner du nerf à Lannion et en imposer à Brest. Un député d'une des villes médiatrices a tellement rempli cette tâche, qu'il s'est concilié la confiance des deux partis et celle de tous ses codéputés. Il en est résulté un arrêté, capitulation si vous voulez, et l'évacuation des troupes de la ville de Lannion... »

L'amour du bien public, le dévouement à tous les intérêts de la nation animaient donc La Tour d'Auvergne en 1789.

Une question se pose encore avant de raconter son rôle dans les guerres de la Révolution : la transformation qui s'était faite dans les opinions politiques de La

Tour d'Auvergne avait-elle affecté de la même façon ses idées religieuses? Non, et il est avéré aujourd'hui que pendant toute sa vie le noble soldat breton garda les croyances qu'il avait reçues de sa famille, et mûries depuis par de longues réflexions. Dans le nombre des faits qui le prouvent, on doit remarquer en particulier une très belle conversation qu'il eut avec son ami l'évêque Le Coz, peu de temps avant la campagne où il devait mourir. Sans vouloir porter ici aucune appréciation sur la foi que professait La Tour d'Auvergne, nous ne pouvons nous empêcher de constater que l'idée religieuse, le sentiment d'un Dieu témoin et juge, la certitude enfin d'une immortalité prochaine, ont concouru à faire de La Tour d'Auvergne un héros admirable entre tous.

LIVRE TROISIÈME

LE PREMIER GRENADIER DE FRANCE

148e
DEMI
BRIGADE

CHAPITRE PREMIER

L'ARMÉE DES ALPES

Dès le début de l'année 1792, il était évident que l'ancienne monarchie allait finir : la catastrophe que Mirabeau avait fait d'inutiles efforts pour prévenir paraissait désormais inévitable, et la menace de l'invasion étrangère, déjà suspendue sur la France, rendait impossible tout rapprochement entre la nation et la cour. La déclaration de guerre à l'Autriche précipita les événements. C'est vers ce moment que La Tour d'Auvergne eut à opter entre l'émigration et le devoir patriotique. La plupart des officiers du régiment, avec leur colonel, M. de Caldaguès, vinrent le prier de se joindre à eux et de quitter la France, en faisant valoir tous les arguments que leurs convictions leur inspiraient. La Tour d'Auvergne ne se laissa point entraîner. Toutes ses sympathies étaient acquises à la cause de la nation, bien qu'il réprouvàt les tristes excès qui avaient ensanglanté Paris et la province dès les premiers jours de la Révolution. Mais eût-il même pu hésiter au point de vue politique, son patriotisme lui dictait la décision à prendre. L'idée du péril où l'indépendance nationale se trouvait le préoccupait vivement. Il répondit ainsi aux officiers d'Angoumois :

« Vous vous êtes mépris, Messieurs, en me faisant une telle proposition. En vertu d'un décret de l'Assemblée Constituante, le roi Louis XVI a ordonné à l'armée de prêter serment d'obéissance au pacte de 1791 ; notre régiment l'a prêté solennellement, et vous me parlez de me parjurer pour attirer sur moi la honte et la malédiction de ma patrie... Prenez désormais tel parti qu'il vous plaira... en pareille matière, je ne me règle pas sur les autres, et toute l'armée émigrerait que je n'émigrerais pas. »

Il résuma d'ailleurs sa réponse et ses opinions en quelques mots qui méritent d'être proposés comme exemple aux hommes qui, en temps de révolution et de guerre extérieure, craignent de ne pas discerner leur véritable devoir :

« Malheur à qui abandonne son pays au moment du danger ! jusqu'à la mort je serai l'ami de ma patrie, et j'embrasserai sa cause jusqu'au dernier soupir.

« *J'appartiens à la patrie ; soldat, je lui dois mon bras ; citoyen, je dois respect à ses lois.* »

Cependant la journée du 10 août venait de renverser définitivement le séculaire pouvoir des rois de France, et le roi de Sardaigne, après de longues hésitations, se joignait à la coalition austro-prussienne. Un corps d'armée français fut dirigé sur la Savoie ; Montesquiou en avait le commandement, et La Tour d'Auvergne s'y trouvait, avec son grade de capitaine de grenadiers.

Le 11 septembre 1792, Montesquiou écrivait à Paris pour demander l'autorisation de commencer les hostilités. Les Sardes, en effet, avaient choisi de fortes positions et les couvraient de retranchements, surtout à Notre-Dame de Mians et au château des Marches. Dès le 16 septembre, Montesquiou se portait au fort des Barreaux, et prenait ses dispositions de combat. Le général Laroque, par un mouvement tournant, aborda par derrière les positions piémontaises.

La compagnie de La Tour d'Auvergne était en tête de colonne. Le brave capitaine, entraînant ses grenadiers de la voix et du geste, les jeta sur les canonniers ennemis. Les pièces furent conquises après une courte mais terrible mêlée, et la cavalerie française, arrivant au galop, enleva des centaines de prisonniers.

Les engagements qui suivirent cette première rencontre ne furent pas moins heureux, et le 26 septembre, les troupes françaises entraient à Chambéry. La Tour d'Auvergne, placé à l'avant-garde, eut sa grande part d'honneurs dans cette journée, car la population était sympathique à la France, et, dans la province entière, demanda à se réunir à la République française. La Convention, ratifiant ce vœu, décréta l'annexion de la Savoie sous le nom de département du Mont-Blanc.

Ainsi, dès la première occasion qui lui

fut donnée de prendre part à une bataille,
La Tour d'Auvergne se signala par son
énergie et son intrépidité. Le général
Laroque et le commandant en chef admi-
rèrent sa vaillante conduite. Mais, le but
de l'opération atteint, l'activité de La
Tour d'Auvergne ne trouvait plus à
s'employer utilement à l'armée des Alpes.
D'autres dangers menaçaient la République : l'Espagne se tournait vers la coalition et tout faisait pressentir une pro-
chäine déclaration de guerre. L'exécution de Louis XVI décida enfin le gouvernement espagnol : le 23 mars 1793, une
cédule du roi Charles IV publiait officiel-
lement l'état de guerre avec la France.

C'est à l'armée des Pyrénées-Occidentales que le régiment de La Tour d'Auvergne fut envoyé[1]. Le général Servan
la commandait. Le 31 mars, elle commença à se rapprocher de la frontière.

1. Le régiment d'Angoumois était devenu la 148ᵉ
demi-brigade.

CHAPITRE II

AVRIL ET MAI 93

Le 23 avril, le général Servan s'était porté devant Hendaye ; ses troupes étaient pleines de bonne volonté, mais organisées à la hâte, et leur inexpérience se traduisait dans les détails quotidiens du service. De plus, l'armée espagnole comptait des effectifs supérieurs, et disposait d'une artillerie considérable. Les républicains commençaient donc la campagne dans des conditions très mauvaises.

A peine le général Servan avait-il fait terminer les redoutes destinées à couvrir ses soldats, qu'il fut attaqué par les Espagnols. Ceux-ci, que le général don Ventura Caro menait au combat, dirigèrent leur principal effort sur un ouvrage français situé sur une crête nommée « Montagne de Louis XIV ». Les canons de l'ennemi écrasèrent de feux les redoutes françaises, et la «montagne de Louis XIV» fut enlevée par l'infanterie espagnole.

Le sort de l'armée de Servan paraissait très compromis, quand les républicains, saisis d'une ardeur désespérée, firent une dernière tentative qui refoula toute la ligne des Espagnols. Le combat changea d'aspect aussitôt, et don Ventura Caro, battant en retraite, se vit forcé de repasser la Bidassoa.

La Tour d'Auvergne avait été mis à

la tête d'une colonne chargée de pénétrer
dans le Val d'Aran. Il se signala dans cette
expédition par son intrépidité comme
par son intelligence. Il eut, à un certain
moment, à franchir un passage étroit et
périlleux[1] où s'étaient amoncelées des neiges récentes, non tassées, qui menaçaient
de s'ébouler dans de profondes crevasses.
Le capitaine fit battre la couche de neige
avec des rames, de manière à la rendre
aussi compacte et aussi plane que possible.
Puis il s'avança le premier, donnant
l'exemple du sang-froid et de la confiance;
ses grenadiers le suivirent, et tous les
autres soldats, qui passèrent un par un,
sans accident. Un autre fait d'armes mit
en lumière, peu après, la bravoure de
La Tour d'Auvergne. Sa compagnie atta-
qua le fort de Maya, dont le canon français
avait renversé les défenses. En vain le feu
le plus violent fut dirigé sur les grena-

1. Le col du Portillon.

diers : ils s'élancèrent à l'assaut sous une grêle de projectiles; La Tour d'Auvergne marchait à leur tête, le sabre à la main, et il entra, le premier de tous, dans l'enceinte du fort.

Un échec grave attendait cependant l'armée française. Une nuit, les Espagnols tombèrent à l'improviste sur le camp de Servan. Les soldats républicains, surpris dans l'obscurité par les balles et les boulets ennemis, étaient en proie à un désordre qui eût pu dégénérer en panique, si le commandant n'avait fait sonner la retraite. La Tour d'Auvergne était parvenu à rallier ses grenadiers, et, se portant contre les Espagnols victorieux, il couvrit de la sorte l'évacuation du camp. Il prolongea héroïquement la résistance de sa petite troupe, jusqu'à ce qu'il fût assuré que les bataillons en retraite ne pouvaient plus être tournés. Dans le combat acharné qu'il dut livrer aux Espagnols, il arrêta pendant trois heures plus de trois mille ennemis avec quelques centaines d'hommes seulement[1].

Dans les derniers jours du mois de mai, don Ventura Caro détacha dix-huit cents fantassins et canonniers qui entrèrent dans le val Carlos et y élevèrent des retranchements. A droite et à gauche ils étaient appuyés par de hautes crêtes rocheuses, qui semblaient inaccessibles, et ne craignaient point d'attaque de ces deux côtés. Mais le commandant français qui se trouvait à Saint-Jean-Pied-de-Port chargea La Tour d'Auvergne d'escalader ces crêtes avec ses grenadiers.

La Tour d'Auvergne gravit les rochers avec ses hommes; beaucoup de ceux-là étaient Basques, habitués à toutes les difficultés de la montagne. Non seulement ils parvinrent aux crêtes, mais, en dépit des obstacles et des dangers, ils y

1. Sur quatre pièces de canon abandonnées dans la retraite, La Tour d'Auvergne parvint à en sauver trois, et fit enclouer la quatrième.

purent hisser plusieurs pièces d'artillerie
légère. Bientôt ces batteries furent organisées et ouvrirent le feu sur le val Carlos.

La terreur fut grande parmi les Espagnols, qui évacuèrent leurs retranchements à la hâte et abandonnèrent aux
mains des Français leurs munitions et
leurs vivres.

Dans tous ces combats, comme on l'a
vu, La Tour d'Auvergne joua un rôle
décisif. Dès ce moment, il fut estimé et
admiré par ses soldats comme par ses
chefs. Son nom devint un symbole de
bravoure et un gage de victoire pour
l'armée des Pyrénées-Occidentales.

CHAPITRE III

LA COLONNE INFERNALE

Les premiers jours de juin furent signalés par une attaque des Espagnols contre la fonderie de Baygorry. Le général Lamarque occupait cette fonderie : il ne put résister à la violence du choc et se vit contraint de battre en retraite (5 juin).

Le combat recommença presque aussitôt, et grâce à la valeur du général français Manco, qui, blessé au visage, ne cessa pas de se tenir au premier rang, la poursuite fut arrêtée et l'ennemi refoulé en désordre. Le lendemain, la bataille reprit à Castel-Pignon. Moncey, depuis maréchal, n'était alors que simple capitaine. Lui et La Tour d'Auvergne rivalisèrent d'intrépidité dans cette journée du 6 juin. Mais leurs efforts ne purent empêcher les troupes républicaines de se replier à la nuit tombante.

Cet échec s'aggrava par la chute du fort de Bellegarde, qui se rendit à Ricardos après une très belle résistance. Mais, le 17 juin, les généraux français firent attaquer les positions retranchées des Espagnols : toute l'armée, officiers et soldats, était résolue à un effort décisif. Malgré le feu des batteries, les Français enlevèrent les ouvrages à la baïonnette, et l'ennemi se retira au plus vite au delà de la Bidassoa.

Dans cette affaire, l'audace de La Tour d'Auvergne déconcerta entièrement les Espagnols. Il fut le premier des Français qui abordèrent les retranchements. Marchant sous une grêle de balles, il reçut sept coups de fusil dans ses vêtements, et n'en eut point de blessure. Tout à coup, il se trouve en face d'une maison barricadée et crénelée, d'où les Espagnols, abrités contre le feu des Français, dirigeaient sur les grenadiers une mousqueterie meurtrière. La Tour d'Auvergne s'élance jusqu'à la porte de la maison, l'ébranle du bras, du pied, et en la frappant de la poignée du sabre. D'une voix assurée il crie à l'ennemi, en espagnol, que si la maison n'est pas rendue sur-le-champ, elle sera incendiée avec ses défenseurs. Démoralisés par cette menace inattendue, les Espagnols cessent le feu, ouvrent les portes, et se rendent au brave capitaine de grenadiers.

Il va sans dire qu'à la suite de ce bril-

lant fait d'armes, un avancement rapide
fut proposé à La Tour d'Auvergne. Il refusa de l'accepter ; nous aurons bientôt
à revenir sur les causes de cet étrange
refus. C'était d'ailleurs la troisième fois
qu'il l'opposait aux propositions pressantes de ses chefs. Mais Servan, renou-
velant un usage déjà pratiqué par
Louis XIV, réunit en un seul corps toutes
les compagnies de grenadiers, sous le
nom de *division d'avant-garde,* et en con-
fia le commandement au capitaine La
Tour d'Auvergne. Ce corps se montait de
la sorte à six ou sept mille hommes, et
La Tour d'Auvergne recevait de ce fait,
sans en porter le titre, les fonctions de
général de brigade.

La *division d'avant-garde* fut bientôt
baptisée *la colonne infernale* par les Français et les Espagnols. Elle ne laissait
nul repos, en effet, à l'ennemi, et lui
causait une véritable terreur. Malgré la
responsabilité qui résultait pour lui d'un

« Rendez-vous, ou la maison est incendiée sur-le-champ. »

commandement aussi considérable, La
Tour d'Auvergne continua de s'exposer
comme par le passé. Il avait l'habitude
d'être toujours en tête de sa colonne,
sous le feu, et portait son manteau roulé
sur le bras gauche. Les soirs d'engage-
ment, au bivouac, le manteau présentait
toujours quelque déchirure nouvelle, ou
la brûlure des coups de fusil reçus presque à bout portant ; et les grenadiers de
prétendre que leur capitaine *charmait les
balles !*

Les exploits de la *colonne infernale* se
renouvelèrent l'année suivante. Le 9 juillet 1794, le général Moncey, voulant s'assurer l'entrée du val de Bastan, dirigea
une attaque contre la position d'Arquin-
zun, occupée par sept mille Espagnols
sous les ordres du marquis de Saint-
Simon. La Tour d'Auvergne fut chargé
de déboucher avec ses grenadiers sur les
derrières des positions espagnoles. Il fit
grand mal à l'ennemi, mais la précipi-

tation de l'attaque des Français sur le
centre de la position l'empêcha de pouvoir arriver à temps pour couper la retraite aux fuyards du corps de Saint-
Simon.

La victoire du 26 juillet, remportée
par les généraux Moncey et Müller, com-
pléta les résultats de celle du 9. On peut
dire qu'elle fut décidée par les grenadiers de La Tour d'Auvergne, et spécia-
lement par l'intelligente audace de
leur chef, qui fit porter à bras du canon
sur des sommets escarpés commandant
les positions espagnoles.

Deux autres succès de l'armée française achevèrent la conquête du Val de
Bastan. La Tour d'Auvergne était partout, vers les points menacés, là où il
fallait électriser le soldat et le jeter sur
les batteries ennemies. Moncey s'exprime
à ce sujet comme il suit : « La haute réputation de La Tour d'Auvergne, connue
par ses talents militaires et son courage

héroïque, me dispense de lui donner des attestations qui seraient toujours au-dessous de celles que la renommée lui a prodiguées à si juste titre. »

Les représentants du peuple envoyés à l'armée des Pyrénées-Occidentales, et qui avaient fortement suspecté La Tour d'Auvergne en sa qualité de *ci-devant,* comme on disait alors, finirent par lui rendre pleine justice. Dans le rapport du représentant Lezanne, daté du 11 thermidor an II, on lit ces lignes :

« A l'attaque de la vallée de Bastan, l'infanterie légère était commandée par le chef de brigade La Tour d'Auvergne, qui a donné des preuves de cette intelligence et de ce sang-froid, de ce courage, de cette audace républicaine, de cet amour de la patrie qui assure nos succès. »

Un autre rapport des commissaires du gouvernement, en date du 2 mai 1793, relate les faits que nous avons racontés

dans le prédent chapitre : il signale entre autres un intéressant détail (surprise
du camp de Sarre) :

« Nous citerons un trait remarquable
du citoyen La Tour d'Auvergne... Ce
brave homme, par une manœuvre habile,
fit suspendre le feu de son artillerie pour
ménager ses munitions. A l'instant où
l'ennemi s'avançait davantage et avec plus
de confiance, il fit recommencer le feu,
arrêta l'ennemi, et donna à nos troupes
le temps de faire leur retraite. »

D'autres documents, des lettres de
Moncey, de Servan, pourraient encore
être cités, si cette énumération ne devait
fatiguer le lecteur. Disons seulement que
le fait des sept coups de fusil reçus par
La Tour d'Auvergne dans ses habits est
attesté par une lettre de Raimond Rivale,
capitaine au deuxième bataillon des
Landes.

CHAPITRE IV

PRISE DE SAINT-SÉBAS-
TIEN

D'après ce qui précède, on a pu voir que les hostilités sur la frontière des Pyrénées avaient un caractère spécial d'intermittence, que les Espagnols ne se souciaient point de mettre en mouvement les forces nécessaires à une invasion du midi de la France, et que la

Convention, d'autre part, ne souhaitait
pas voir ses troupes s'avancer bien loin
sur le territoire de l'Espagne. Aussi les
périodes de combats ou de démonstrations militaires étaient séparées par des
laps de temps considérables, où régnait
une sorte de trève tacitement consentie
par les deux armées. D'ailleurs une
campagne d'hiver eût été difficile sinon
impossible à mener dans les montagnes.
La Tour d'Auvergne eut donc des loisirs
forcés, en grand nombre, et il les employa,
comme il avait coutume, à la réflexion et
à l'étude.

La tente du héros breton ne contenait
pas seulement des armes, des cartes, les
objets dont a besoin un officier en campagne. On y trouvait aussi des livres :
Tacite, Montaigne, Bacon, Montesquieu,
et une édition de *Commentaires* de César,
dont La Tour d'Auvergne ne se sépara
pour ainsi dire jamais ; à côté de ces ouvrages de philosophie et d'histoire, il y

avait quelques cahiers de notes, des médailles même. La Tour d'Auvergne continuait en effet ses recherches, aussi étendues que persévérantes, décidé à publier à nouveau ses *Origines gauloises* avec des additions et des changements considérables. Il reprenait en particulier les comparaisons qu'il avait déjà faites, avant 1789, de la langue basque et du dialecte bas-breton.

Malgré cette passion pour l'étude, La Tour d'Auvergne ne demeurait point toujours seul dans sa tente, penché sur ses auteurs favoris ; bien souvent il s'asseyait près d'un feu de bivouac, au milieu de ses grenadiers, et là, il les charmait par ses récits, ses propres souvenirs du siège de Port-Mahon, ou leur disait les grands exemples que nous ont légués les anciens. Il élevait ainsi l'âme de ses auditeurs jusqu'à la sienne, et le mot de *devoir* avait certainement dans sa bouche une autorité peu commune, car ses pa-

roles n'étaient que le commentaire de
ses actions.

Si la Tour d'Auvergne, au combat, savait exalter la bravoure de ses grenadiers,
il savait aussi, après la victoire, leur
inspirer le respect du vaincu, et tous les
sentiments que l'humanité commande,
soit à l'égard des prisonniers, soit envers
les populations du pays occupé. Le général Foy, dans son *Histoire des guerres de
la Péninsule*, n'oublie pas de rapporter le
trait suivant :

« La colonne infernale observait une
discipline qui rappelle la conduite des
armées romaines dans les beaux temps
de la République : elle campait une fois
en Biscaye, dans des vergers plantés
de cerisiers, et les soldats n'osèrent
pas cueillir les fruits qui pendaient
aux arbres... Paix aux chaumières, telle
était la devise qu'ils avaient reçue
de leur chef, et leur respect pour
les propriétés s'étendait à la demeure

du riche comme à celle du pauvre. »

Une pareille discipline n'est pas précisément facile à obtenir, même des troupes les meilleures, et du reste la générosité des armées républicaines ne fut guère imitée dans la suite. De semblables vertus militaires ne sont point du goût de tous les conquérants. Le pillage vulgaire a quelque chose d'odieux sans doute, aussi l'avons-nous vu récemment organisé, soumis à une réglementation savante qui en double les profits, et fait d'une victoire une lucrative opération commerciale. Ce perfectionnement est dû à une nation européenne qui tient à prendre l'initiative de tous les progrès, et juge sainement qu'il n'est pas de sots bénéfices.

La Tour d'Auvergne termina son rôle glorieux dans la campagne de 1794 par la prise de Saint-Sébastien. Le 2 août, le général Moncey avait fait attaquer les Passages, poste stratégique important, et

gros village ayant un port qu'il n'était
pas inutile non plus de tenir. Cette attaque eut un plein succès, et la division républicaine alla prendre position en face
de Saint-Sébastien, sur les hauteurs qui
sont de niveau avec la citadelle. Mais
cette citadelle, bâtie sur le roc, est extrê-
mement difficile à forcer: 2,000 Espagnols
y tenaient garnison, et disposaient d'une
puissante artillerie. Les Français atten-
daient des renforts, n'avaient pas de canons de siège, et ne possédaient, en tout
et pour tout, qu'une seule pièce de 8.
Moncey et La Tour d'Auvergne confé-
rèrent ensemble de la situation ; ils
prirent la résolution de profiter de l'émoi
que les victoires françaises devaient avoir
répandu parmi les habitants de Saint-
Sébastien.

La Tour d'Auvergne parlait très bien
l'espagnol. Il se rendit, seul, dans la ville
effrayée, et dépeignit à tout le monde
l'horreur d'un bombardement et d'une

place prise de vive force. Se faisant conduire auprès de l'alcade Michelenx, il lui déclare que l'artillerie française peut faire taire les canons de la citadelle et brûler la ville entière avec une grande facilité. Enfin il demande à parler au gouverneur militaire ; et il lui renouvelle les mêmes menaces, assurant d'ailleurs que si la garnison consent à se rendre, elle sera traitée avec les plus grands égards et que la ville n'aura nulle violence à craindre. Le gouverneur hésite longtemps, puis cède aux sollicitations des habitants épouvantés. Un scrupule pourtant l'arrête encore :

« Capitaine, dit-il à La Tour d'Auvergne, vous n'avez pas tiré un seul coup de canon sur ma citadelle ; faites-moi au moins l'honneur de la saluer ; sans cela vous comprenez bien que je ne puis vous la rendre. »

La Tour d'Auvergne retourne au camp ; on met en batterie la pièce de 8,

et un boulet vient frapper les remparts de
la citadelle. Les canons espagnols répon-
dent par une décharge générale. La Tour
d'Auvergne redescend à Saint-Sébastien,
se présente de nouveau au gouverneur,
et le presse de capituler sans retard.
Vaincu par tant d'assurance, le gouverneur n'hésite plus et se décide à remettre
les clefs de la ville au brave capitaine de
grenadiers.

Ce rapide succès livrait à l'armée républicaine une partie du Guipuscoa. Les
Français trouvèrent dans Saint-Sébastien
des approvisionnements considérables,
une immense quantité de munitions, du
matériel de guerre et de marine et, en particulier, cent trente-neuf pièces de canon.

Peu de temps après, La Tour d'Auvergne, revenu dans les montagnes, opéra
un certain nombre de hardis et heureux
coups de main qui mirent au pouvoir des
Français plusieurs milliers de prisonniers.

On s'étonnera sans nul doute qu'au

milieu d'aussi éclatants services rendus par La Tour d'Auvergne aux armées de la République, et, tandis que cet héroïque officier combattait encore sur la frontière des Pyrénées, la pensée pût venir au gouvernement de lui retirer son grade et son emploi. C'est pourtant la triste vérité : alors même que les généraux offraient à La Tour d'Auvergne de l'élever aux fonctions les plus hautes de l'armée, il était ailleurs question de le destituer : les représentants du peuple annoncèrent ce dessein aux généraux, le motivant sur le nom, les antécédents de La Tour d'Auvergne, sur les opinions que le vaillant capitaine paraissait professer au sujet de certaines mesures décrétées à Paris. Mais l'irritation de l'état-major les fit hésiter, et les soldats, ayant été avisés des intentions des représentants, manifestèrent une si violente colère, que ces odieux projets furent abandonnés aussitôt.

Quelques officiers laissèrent alors entendre à La Tour d'Auvergne qu'il pourrait facilement rentrer en grâce, au prix d'une démarche habile et d'un peu d'humilité envers les membres principaux du gouvernement :

« Je ne fais la cour à personne, répondit-il ; je ne connais d'autres devoirs que celui de combattre et de vaincre l'ennemi ; dites à vos maîtres, s'ils sont tout-puissants, de mettre l'Espagnol en fuite ; je l'entends qui s'avance, je vais faire battre la charge ! »

CHAPITRE V

POURQUOI LA TOUR D'AUVER-GNE EST RESTÉ CAPITAINE

On se rappelle que La Tour d'Auvergne avait été nommé capitaine en second le 29 octobre 1784; il ne passa *capitaine de grenadiers* (en premier) que le 5 février 1792. Cette nomination précéda la fin de non-recevoir qu'il opposa à ses collègues, quand ils vinrent le supplier d'émigrer avec eux. La royauté abolie, le gouvernement révolutionnaire offrit à La Tour d'Auvergne le grade de colonel, avec le commandement de l'ancien régiment de Provence. La Tour d'Auvergne refusa.

De nouvelles propositions lui furent faites — elles émanaient du général Servan — dès son arrivée à l'armée des Pyrénées-Occidentales et les premières preuves de bravoure qu'il y donna. Mais il les accueillit tout aussi mal, et voulut rester capitaine comme devant.

Après le combat du camp de Sarre et la bataille du 17 juin 1793, le commandant en chef insista auprès du héros de cette rude campagne, pour lui faire accepter le titre de général de brigade. En vain lui citait-il le cas de Moncey, simple capitaine au début des hostilités, comme La Tour d'Auvergne, et déjà parvenu aux grades supérieurs... La Tour d'Auvergne se montra inébranlable, et il fallut que Servan eût l'ingénieuse idée de réunir toutes les compagnies de grenadiers en un seul corps, pour que La Tour d'Auvergne, sans en prendre d'ailleurs le titre, exerçât en réalité les fonctions de chef de brigade.

Ces offres étaient faites, on le voit, par les généraux de l'armée des Pyrénées, témoins des belles actions et des grandes qualités militaires de La Tour d'Auvergne. Nous avons raconté que les représentants du peuple furent tentés au contraire de le destituer de son emploi. Ajoutons, pour être juste, que le gouvernement et ses délégués eurent parfois de meilleures inspirations ; du reste, à cette époque extraordinaire, les décisions les plus opposées, les plus contradictoires, se suivaient à peu de jours d'intervalle. Ainsi, le ministère envoya certain jour à La Tour d'Auvergne un brevet de colonel, avec un présent de valeur. Ce fait a été rapporté par l'ami intime du héros, l'archevêque Le Coz, dans un livre pu-

blié seulement en 1815. Le Coz le tenait
d'une lettre de La Tour d'Auvergne lui-
même, et nous reproduisons la plus
grande partie de son récit, qui renferme
des détails curieux sur un épisode de la
campagne des Pyrénées.

« ... La Tour d'Avergne est commandé
pour aller, à la tête d'une petite troupe,
à la découverte de l'ennemi. Après quelques heures de marche, il se trouve en
face d'une armée nombreuse. Ni lui, ni
ses compagnons d'armes, n'en sont dé-
concertés. Leur bonne contenance et leur
feu bien dirigé en imposent quelque
temps à 8 ou 10,000 Espagnols ; mais
les munitions étaient au moment de leur
manquer. Leur chef, qui le sait, ordonne
à ses soldats d'avoir leurs fusils bien
chargés, et fait aussi charger à mitraille
ses petites pièces de campagne, mais
partout il défend de tirer. Alors s'annonçait déjà cette cruelle épidémie, je veux
dire cet esprit de *soupçon* qu'un génie in-

fernal souffla sur les diverses parties de
la France, et auquel on immola tant de
patriotes vertueux. La Tour d'Auvergne
faillit, en ce moment, en être la victime.
A l'ordre de ne pas tirer, il entendit
quelques voix répondre : « C'est un
« *ci-devant;* il veut nous trahir. — Sol-
« dats, crie l'intrépide chef à sa troupe,
« vous me connaissez, je suis votre ca-
« marade, votre ami ; méprisez ces dis-
« cours de fous et exécutez mes ordres ;
« nous sortirons de ce pas avec gloire. »

« Cependant, au silence des Français, les
Espagnols se persuadent qu'ils ne de-
mandent qu'à se rendre, et ils approchent
témérairement. Dès que La Tour d'Auvergne les voit bien à portée, il fait déchar-
ger sur eux sa mousqueterie et ses canons à mitraille. Les Espagnols, criblés,
culbutés, épouvantés, sont dans le plus
grand désordre. Le commandant français
profite de ce moment, fait filer sa petite
troupe dans le meilleur état, et se retire

ainsi, avec quelques prisonniers, et sans avoir perdu un seul homme.

« Cette action, jointe à beaucoup d'autres également hardies et heureuses, détermine le gouvernement à nommer La Tour d'Auvergne colonel du régiment ci-devant Champagne.

« A peine en eût-il reçu la lettre d'avis, qu'il assembla ses grenadiers : « Cama-« rades, leur dit-il, j'ai un avis à vous de-« mander. » A ce propos, les grenadiers de s'entre-regarder en souriant. « Eh ! oui, « reprend leur capitaine, je vous ai donné « quelquefois de bons conseils ; aujour-« hui j'exige aussi votre avis sur une « affaire qui me concerne. On vient de « m'envoyer un brevet de colonel du régi-« ment de Champagne : dois-je accepter ? « Qu'en pensez-vous, mes enfants ? » Les grenadiers, mornes et tristes, se tai-sent. Enfin, l'un d'eux prenant la parole : « Notre capitaine, dit-il, non seulement « ce grade, mais un grade supérieur

« vous est dû depuis longtemps, et, à
« cet égard, toute l'armée pense comme
« nous. Mais nous, nous perdrons donc
« notre père ? — Nous ne pouvons, ajou-
« tèrent les autres grenadiers, vous dis-
« suader d'accepter cet avancement ; mais
« nous... » Des larmes leur coulèrent des
yeux. — « Mes amis, reprit La Tour
« d'Auvergne, attendri lui-même, je vois
« que cela vous afflige. Vous êtes con-
« tents de moi. — Ah ! si nous le som-
« mes !... Mais l'êtes-vous aussi de vos
« grenadiers ? — Mes amis, content, très
« content. Vous êtes tous de braves gens,
« et je vous aime comme mes enfants.
« Je vais donc renvoyer ma commission.
« — Mais, capitaine... — Je n'écoute plus
« rien, je voulais votre avis ; je le connais ;
« cela me suffit. Vous viendrez tous dîner
« avec moi, camarades ; aucun de vous
« n'y manquera. » Il quitte ses grenadiers étonnés et attendris, et va ordonner
un repas militaire et frugal. A l'heure

marquée, les grenadiers arrivent, et La Tour d'Auvergne se place au milieu d'eux. On dîna gaiement. A la fin du repas, La Tour d'Auvergne se lève, et s'adressant à toute la compagnie : « Mes « camarades, renouvelons ici un engage- « ment mutuel, moi, de ne pas vous « quitter, vous, de m'être toujours fidè- « les ; » et ce traité fut cimenté par les larmes de tous.

« La Tour d'Auvergne renvoya donc sa commission de colonel ; mais il garda le beau cheval d'Espagne que le ministre lui avait envoyé en même temps. Et quel usage en faisait-il ? Des soldats de sa compagnie me l'ont appris. Quand ils allaient à quelque expédition, le cheval suivait ; mais il était conduit par la bride. Quelque grenadier paraissait-il fatigué de la marche : « Camarade, lui « disait le capitaine, monte ce cheval, « il me gêne à conduire ainsi. » Il fallait obéir. »

Ce récit nous montre la discipline, telle que la concevait La Tour d'Auvergne, sous un jour quelque peu singulier, et qui peut donner sujet à d'amples commentaires. Il faut se borner à cette remarque, qu'aujourd'hui moins que jamais le commandement ne saurait être exercé de la sorte sans faire naître les plus graves inconvénients. Acquérir, dans de pareilles conditions, une autorité suffisante, est un problème que La Tour d'Auvergne a heureusement résolu, grâce à des circonstances toutes spéciales et à ses rares qualités propres, mais qui, règle générale, ne doit même pas être posé.

Quant aux raisons qui ont fait refuser à La Tour d'Auvergne un avancement légitime, cette page de Le Coz nous en montre au moins une : l'affection réciproque qui existait entre le capitaine et ses soldats, le désir constant de l'officier de partager toutes les fatigues de ses hommes, de vivre de la même vie que le plus simple grenadier.

Voici un autre motif, donné cette fois par La Tour d'Auvergne à ses chefs hiérarchiques, lorsque ceux-ci le pressèrent d'accepter des grades supérieurs : La Tour d'Auvergne affirmait ne point posséder les capacités nécessaires à l'exercice du commandement élevé, et se jugeait incapable de bien remplir les fonctions auxquelles l'appelait le suffrage des généraux. Peut-être en était-il réellement ainsi : tel officier, qui fait merveille à la tête d'une compagnie, restera au-dessous de son rôle si on lui donne une division à conduire. Cependant les mérites dont La Tour d'Auvergne fit preuve comme chef de la colonne infernale, équivalant en effectif à une brigade ordinaire, permettent de croire qu'il eût été un général intelligent et hardi. La défiance de soi-même qu'il manifesta en cette occasion nous paraît donc exagérée ; mais ce défaut, si défaut il y a, est si rare à toute époque, qu'on ne peut vraiment le trouver bien blâmable.

L'essentielle raison qui décida La Tour d'Auvergne à rester capitaine est indiquée par lui dans une lettre écrite longtemps après la campagne des Pyrénées, datée des derniers jours de l'année 1799, et que nous croyons devoir citer ici :

« A LE BRIGANT PÈRE

« Passy, le 4 nivôse an VIII de la République française.

« J'admire toujours de plus en plus, mon cher compatriote, la fécondité de votre génie et la vigueur mâle de votre esprit. Vous maîtrisez tous les sujets que vous traitez, sans en être jamais maîtrisé; il en est cependant qui peuvent compromettre cruellement votre repos, et ce sont ceux sur lesquels vous paraissez aimer le plus à vous exercer. Votre charmante lettre, en réponse à celle que je vous écrivis de Zurich, m'est parvenue ici, après avoir été décachetée, et après avoir, sans doute, payé les grands droits de transit pour les choses beaucoup trop flatteuses que vous m'adressez; mais c'eût été bien autre chose, si celle que je reçois de vous, en date du premier mois de 1800, avait éprouvé le même sort.

« De pareils événements sont bien propres à me pénétrer du danger d'aborder, en vous écrivant, le fond des matières que vous traitez si ingénieusement dans vos vers. Quelque fortes que soient les nuances entre nos opinions politiques, je ne vous ferai jamais un crime des vôtres; mais je crois que le parti le plus sage, entre amis, est de ne jamais toucher cette corde délicate, à laquelle est attachée une partie de nos faiblesses.

« Je me suis excusé d'accepter la place

dont vous me parlez[1]. La faveur, la fortune, l'éclat des rangs et des honneurs, ne m'ont jamais ébloui; *je me suis toujours tenu à la place où la Révolution m'a trouvé,* et l'ai gardée avec autant de soin que le soldat fidèle en met à conserver le poste qui lui est confié. Mon âge et mes infirmités m'ayant mis hors de la lice, je vis maintenant ici dans la plus profonde retraite, avec ma pension de réforme, celle d'un simple capitaine. Je ne vais plus à Paris et n'approche d'aucune personne en place; je ne lis aucuns journaux, me trouvant beaucoup plus heureux, par ce qu'on me laisse ignorer que par ce qu'on pourrait m'apprendre. Vous me parlez toujours de votre reconnaissance, tandis que c'est moi qui vous en dois une bien grande, de m'avoir mis à même de faire une bonne action. Ne m'humiliez pas, je vous prie, en la publiant, et ne me faites pas perdre le désir, qui m'occupe sans

1. Sa nomination à la législature.

cesse de trouver des occasions d'obliger mes semblables. J'ose attendre cette grâce de votre amitié; si je l'obtiens, je veux la payer de toute ma reconnaissance ainsi que de mon invariable attachement.

« La Tour d'Auvergne-Corret,
« Ancien officier retiré à Passy. »

« *P.-S.* Mille choses affectueuses, je vous prie, à votre aimable fils[1]; assurez-le que je tiens à lui comme à vous par les plus forts liens. Si vous voyez mon beau-frère, veuillez bien me rappeler à son souvenir, et, dans le charme de vos entretiens au Bihan, ménagez-moi un instant favorable pour faire agréer mes plus respectueux hommages à la maîtresse de la maison. »

Je me suis toujours tenu à la place où la Révolution m'a trouvé, dit La Tour

1. Le plus jeune fils de Le Brigant, celui-là même qu'il remplaça en l'an V.

d'Auvergne. Voici donc à quel sentiment il a obéi : Ayant refusé de suivre ses collègues et ses chefs dans l'émigration, il ne voulut pas que l'on pût attribuer ce refus au désir d'un avancement rapide. Il tint à prouver que l'amour de sa patrie lui avait seul dicté cette résolution, et la promesse intérieure qu'il avait faite alors, il la garda scrupuleusement, malgré les offres les plus pressantes et les plus flatteuses. La Révolution l'avait trouvé capitaine... il s'imposa à lui-même de ne point dépasser ce grade; ses camarades avançaient, devenaient colonels, généraux, commandaient en chef des corps d'armée; lui, demeurait à son poste subalterne, mettant toute sa gloire à bien servir. Avant 1789, il avait fait l'impossible pour être distingué par ses supérieurs, être placé à son rang, acquérir des honneurs et des grades. Mais du jour où le patriotisme domina en lui l'ambition, il devint un autre homme, soldat et citoyen tout ensemble, libre de soucis et de désirs, dévoué aux seuls intérêts de la Patrie française.

Que faut-il penser de ces refus persistants de la Tour d'Auvergne, aujourd'hui surtout que l'élite intellectuelle de la nation tend de plus en plus à déserter son poste de combat, à se désintéresser des fonctions publiques? La peur des responsabilités est devenue chez nous un fléau, et les bonnes volontés individuelles cherchent trop souvent, en pure perte, des chefs capables de les grouper et de concentrer en quelque sorte leurs efforts. Le mot de *désertion* est dur sans doute, mais non tout à fait immérité. Lorsque les plus dignes se refusent à prendre les charges du pouvoir, les responsabilités du commandement, qu'ils le sachent bien, ils livrent ce commandement et ce pouvoir à de moins aptes ou à de moins vertueux, et cela pour le mal de l'État, pour le grand dommage de la nation entière.

Nous avons trop clairement prouvé notre admiration à l'égard de La Tour d'Auvergne, pour ne pas avoir droit d'indiquer le côté fàcheux de la détermination qu'il prit de rester simple capitaine, détermination d'ailleurs si honorable pour son caractère. Il serait à déplorer que le désintéressement du héros pût servir d'exemple ou de prétexte aux hommes qui par leur mérite, leur influence, leurs convictions, ont le devoir de ne pas se dérober à la lutte, d'accepter et de soutenir le rôle public qui leur incombe.

Mais l'abnégation de La Tour d'Auvergne, le scrupule d'honneur qu'il avait d'être exempt de l'apparence même d'une ambition personnelle, voilà des choses que l'on n'estimera jamais à leur prix. Et, puisque le mot d'ambition vient de revenir sous notre plume, admettons un instant qu'il y ait eu, dans les refus obstinés de La Tour d'Auvergne, un peu *d'ambition à rebours*, le désir de se grandir

aux yeux des contemporains précisément
par cette simplicité, cette modestie, cet
éloignement des titres et des grades qui
furent ses vertus accoutumées. Si cela
était, serait-il juste de lui en tenir rigueur? Oh! non pas: une telle ambition
est si peu commune qu'on est presque
tenté d'y applaudir des deux mains. Sol-
liciteur, La Tour d'Auvergne ne l'a guère
été qu'une fois, le jour où il disait en
riant à un représentant du peuple en
mission aux Pyrénées : « Vous m'offrez
votre protection, citoyen, avec une si
grande insistance, que je vous prierai
volontiers de me faire obtenir, s'il y a
moyen, une bonne paire de souliers... »

CHAPITRE VI

LA TOUR D'AUVERGNE PRISON-
NIER DES ANGLAIS

Pendant les deux années de son séjour
aux Pyrénées-Occidentales, La Tour d'Auvergne obtint plusieurs fois des congés,
pour aller en Bretagne voir sa famille.

« Il partait, a écrit depuis le secrétaire
d'ambassade David ; mais à peine était-
il à vingt lieues de l'armée, qu'il ne pou-

vait plus résister aux affections qui le rappelaient sans cesse au milieu de ses compagnons d'armes. On le croyait bien loin, lorsque tout à coup il reparaissait au camp.

« Mes enfants, disait-il aux grenadiers,
« je résisterai plus facilement aux fati-
« gues de la guerre, qu'au sentiment qui
« me ramène vers vous... »

Les préliminaires de la paix avec l'Espagne une fois conclus, La Tour d'Auvergne se décida pourtant à quitter l'armée.

Il pouvait choisir, pour aller en Bretagne, entre la voie de terre et la voie de mer. C'est pour cette dernière qu'il opta, en raison de la chouannerie qui désolait l'ouest de la France et rendait très peu sûre toute une partie du voyage. La Tour d'Auvergne souffrait plus que personne des discordes civiles, qui arment les uns contre les autres les enfants d'une même patrie; et il aimait mieux courir le risque

de tomber au pouvoir des croiseurs anglais, que d'avoir à se défendre contre
ses propres concitoyens.

La Tour d'Auvergne se rendit donc à
Bayonne, et y trouva un petit transport
de la République, *la Lormontaise*, de
Bordeaux, qui allait partir pour Brest,
avec d'autres officiers et soldats bretons.
La Tour d'Auvergne s'embarqua avec
eux, dans les premiers jours de 1795.

Le malheur voulut que la *Lormontaise*,
près d'arriver au but de sa traversée, fût
prise par la croisière anglaise. La Tour
d'Auvergne raconte cet épisode dans une
lettre à Le Coz, dont nous extrayons un
court passage. Ce ne fut pas la faute de
La Tour d'Auvergne, si l'équipage de la
Lormontaise n'opposa pas de résistance
aux vaisseaux anglais :

« Dans le délabrement total où se trouva
ma santé à la fin de ma dernière campagne des Pyrénées-Occidentales, j'obtins
un congé pour retourner dans ma famille,

28

en attendant ma retraite, que j'avais sol-
licitée. Je m'embarquai à Bayonne (janvier 1795), pour me rendre à Brest, sur
un petit transport de la République,
nommé *la Lormontaise*, afin d'éviter les
chouans, qui infestaient alors les environs de la Rochelle et de Nantes. Après
avoir battu la mer pendant vingt-cinq
jours, jeté par la tempête sur le rocher
le Coq, à trois ou quatre lieues de Ca-
maret, notre bâtiment faisait trois pieds
d'eau par heure et était près de s'entr'ouvrir, quand nous fûmes entourés
d'une escadre anglaise de cinq frégates, à
laquelle notre petit esquif, sur lequel
ne se trouvait pas un seul fusil, fut forcé
de se rendre. »

Cette lettre est datée du 15 pluviôse
an IV, c'est-à-dire postérieure au retour
du prisonnier en France. La Tour d'Auvergne resta donc un an aux mains des
Anglais. Dès le début, il fit preuve d'une
fermeté d'âme peu commune : à peine *la*

Le-Blant pinx. Imp. Lemercier & Cie, Paris. Nordmann lith.

Les Chouans entrèrent de nuit dans la ville de Dol
et mirent le feu à l'arbre de la liberté.

Lormontaise avait-elle été prise, que les Anglais voulurent que les Français prisonniers retirassent leurs cocardes tricolores. Quelques-uns des officiers la remirent alors aux Anglais; mais La Tour d'Auvergne, ayant retiré la sienne de son chapeau, la perça de la pointe de son épée, la fit glisser sur la lame jusqu'à la garde, et, regardant en face les ennemis, il leur cria : « Venez la prendre maintenant!... vous ne l'aurez qu'avec ma vie!»

Devant cette belle attitude, les Anglais s'abstinrent d'aller plus loin, et La Tour d'Auvergne ne fut pas inquiété pendant son séjour sur la frégate anglaise. Mais, dès son arrivée au lieu d'internement, il se vit traité avec une dureté extrême. Rien ne put l'abattre néanmoins, et il soutenait ses compagnons d'infortune par la parole et par l'exemple.

Pendant cette captivité, La Tour d'Auvergne se consolait par l'étude des cruelles épreuves qu'il avait à subir, et, poussant

plus avant sa connaissance de la langue
anglaise, établissait les rapports étroits
qui unissent le bas-breton au dialecte du
Cornouailles anglais, et surtout au langage des habitants du pays de Galles. Il
rencontra même un Anglais, assez haut
personnage, qui se fit un plaisir de lui
communiquer des livres et des documents
précieux. Mais les autorités sous la surveillance immédiate desquelles il se trouvait placé ne lui pardonnaient point son
patriotisme et sa fierté généreuse. A
plusieurs reprises, il fut enfermé étroi-
tement et brutalisé d'une façon révol-
tante. Certain jour, il fut assailli par des
soldats qui voulaient lui prendre sa cocarde de vive force; mais il se défendit
vigoureusement, et adressa, le 1er octobre
1795, à M. Wallis, fonctionnaire responsable, la lettre suivante :

« Monsieur, je m'adresse à vous comme
à l'agent chargé par votre gouvernement
de la police immédiate des prisonniers

français à Bodmin, pour vous faire part
de l'outrage qui vient de m'être fait par
plusieurs soldats du détachement anglais en garnison dans cette ville, et qui,
en revenant de l'exercice, m'ont assailli
avec leurs armes et se sont portés aux
plus violentes extrémités à mon égard,
dans la vue de m'arracher ma cocarde,
distinction qui fait partie de mon uniforme militaire. Je l'ai portée depuis
ma détention en Angleterre, et les officiers de votre nation prisonniers dans
ma patrie y ont toujours porté la leur,
sans aucune contradiction. Il est impossible, Monsieur, qu'une telle conduite
envers un officier de la République française ait été ordonnée par votre gouvernement, et qu'il autorise aucun outrage
envers des prisonniers paisibles, qui sont
ici sous votre sauvegarde. Dans ces sentiments, Monsieur, je vous prie avec in-
stance de vouloir bien aller à la source
de l'insulte qui m'a été faite, afin que je

puisse y conformer ma conduite ultérieure. Dans quelque extrémité où je me
trouve réduit, par ma détermination de
ne pas quitter ma distinction caractéris-
tique, je ne regarderai jamais comme une
infortune des malheurs dont la source
aura été si honorable pour moi.

« Agréez, Monsieur, etc.

« LA TOUR D'AUVERGNE-CORRET. »

Une seule joie restait aux prisonniers,
mais elle suffisait à leur faire prendre
leurs maux en patience : malgré le soin
que les gazettes anglaises mettaient à
atténuer les victoires françaises, la nouvelle des succès des armées républicaines
arrivait jusqu'à La Tour d'Auvergne et à
ses compagnons, et leur faisait oublier
pour quelques jours les vexations dont
ils étaient l'objet.

Au bout d'un an, sur la promesse d'un
échange faite par le gouvernement français, La Tour d'Auvergne fut autorisé à

rentrer dans sa patrie. Il raconte ce retour dans la lettre à Le Coz, dont nous
avons déjà cité un passage :

« Je suis parti de ma prison le 7 janvier,
sur ma parole de me faire échanger pour
un officier anglais de mon grade, ce que
le ministre de la guerre, à qui j'avais
écrit, m'a obligeamment accordé. Débar-
qué au Havre-de-Grâce, le 12, mes pieds,
pour la première fois depuis un an, marchèrent sur le sol de la liberté. Quelle
différence entre ma patrie et le pays que je
quittais! Partout j'ai été reçu et accueilli,
non avec des démonstrations, mais avec
les sentiments du plus sincère intérêt... »

En arrivant à Paris, La Tour d'Auvergne était dans un dénûment complet;
il se vit obligé de réclamer au ministère
l'arriéré de sa pension : il avait, en effet,
demandé sa retraite, en quittant l'armée
des Pyrénées, et le gouvernement l'avait
mis en réforme avec 800 francs de pension. Le ministre accueillit la sollicitation

bien naturelle de La Tour d'Auvergne, et comme il ne put lui payer son arriéré qu'en assignats, fort dépréciés alors, il mit à sa disposition une allocation de 1200 francs, motivée par les services rendus dans la guerre contre l'Espagne. Sur cette somme, La Tour d'Auvergne ne voulut accepter que 120 francs, et répondit simplement aux instances du ministre : « Si j'ai d'autres besoins, je reviendrai. »

Les prisons d'Angleterre avaient achevé d'user la santé de La Tour d'Auvergne. L'ex-capitaine de grenadiers se retira à Passy, dans une petite maison isolée, visité seulement de quelques amis, et entouré de ses médailles et de ses livres. C'est dans cette paisible solitude qu'il mit la dernière main à l'édition définitive des *Origines gauloises*.

CHAPITRE VII

CAMPAGNE DE ZURICH

Tout autre que La Tour d'Auvergne eût eu quelque peine à vivre avec huit cents francs de pension — en assignats. Mais le héros de l'armée des Pyrénées, tant par le mauvais état de sa santé que par sa frugalité habituelle, ne vivait guère que de pain et de lait; ainsi trouvait-il le moyen d'obliger parfois un ami dans la gêne, et les malheureux ne frappaient jamais en vain à sa porte. C'est ¡ainsi qu'il parvint, quelque temps après, ses ressources ayant un peu augmenté, à faire à une pauvre veuve une pension annuelle de *six cents francs.*

Des érudits, des lettrés, des hommes de guerre franchissaient souvent le seuil de la maison de Passy, pour aller converser avec La Tour d'Auvergne. Ses amis qui lui étaient le plus dévoués et aussi les plus assidus aux causeries du soir étaient Le Gonidec, Eloi Johanneau (président de l'*Académie celtique*), Guezno d'Audierne, Toulgoët, les généraux Dessoles, Moreau, Moncey.

La Tour d'Auvergne, plus que personne, avait la mémoire des services rendus; aussi s'était-il employé activement, pour obtenir que le duc de Bouillon, son ancien protecteur, fût rayé de la liste des émigrés.

Ses démarches aboutirent, et le duc de Bouillon témoigna à La Tour d'Auvergne sa vive reconnaissance. L'affection que ce prince avait toujours portée à son protégé s'accrut grandement de ce fait, et l'amitié de ces deux hommes devint bien plus étroite que par le passé.

La Tour d'Auvergne avait montré qu'il n'oubliait rien des bontés du prince. Celui-ci, désireux de donner au modeste héros une preuve de ses sentiments, voulut lui faire présent d'une grande et très belle propriété, la terre de Beaumont-sur-Eure, dont le revenu atteignait dix mille francs. Mais il eut beau insister de la façon la plus délicate et pourtant la plus pressante : La Tour d'Auvergne refusa, et répondit à son protecteur d'autrefois, devenu son ami : « Je vous remercie, citoyen, mais je n'accepterai pas ; j'ai tout ce qu'il me faut. »

Telle était la vie retirée et tout austère que menait La Tour d'Auvergne, lors-

qu'une fâcheuse nouvelle lui parvint. Un
de ses amis les meilleurs était Le Brigant,
l'érudit bien connu, et l'un des celtolo-
gues les plus fervents de la fin du dix-
huitième siècle. Le Brigant, alors dans
sa soixante-douzième année, et père de
vingt-deux enfants, venait de voir le dernier de ses fils atteint par la conscription. Ce jeune fils demeurait auprès de
son père, l'assistait en de savantes recherches, écrivait sous sa dictée, et le
débarrassait surtout, par un travail as-
sidu, de la préoccupation cruelle du pain
quotidien.

Lorsqu'il apprit que le soutien de sa
vieillesse allait lui être ôté, Le Brigant,
qui avait déjà donné plusieurs de ses
fils au service de la Patrie, écrivit à
La Tour d'Auvergne, dont il supposait
le crédit considérable, pour le prier de
faire des démarches auprès du gouvernement. Le Brigant espérait que La Tour
d'Auvergne, son ami, à qui il pensait

qu'on ne pouvait rien refuser, obtiendrait facilement que ce fils, chéri entre tous, et si nécessaire à ses vieux jours, fût dispensé de se rendre sous les drapeaux et pourrait rester en Bretagne.

La Tour d'Auvergne avait alors près de cinquante-quatre ans. Il ne pouvait consentir à faire les démarches que demandait Le Brigant pour l'exemption du jeune conscrit, car la situation extérieure était critique, et il ne voulait point enlever à la France un seul défenseur. Son héroïque générosité lui donna le moyen de tout concilier : il s'offrit à remplacer le jeune Le Brigant, sans égard pour sa santé propre, et pour le droit qu'il avait acquis au repos. Il demanda donc, comme une faveur, au gouvernement de la République, d'être envoyé à l'armée du Rhin, aux lieu et place du fils de son ami.

Le Directoire accueillit avec empressement cette demande, et La Tour d'Auvergne, refusant de nouveau les grades élevés qui lui furent offerts, partit pour l'armée avec le simple titre de *capitaine volontaire*. Il voulut servir ainsi, hors cadre, toujours aux côtés du capitaine en titre de son ancienne compagnie, alors comprise dans la 46e demi-brigade, et faisant à l'occasion le coup de feu comme le premier grenadier venu. Mais plus d'une fois les colonels et les généraux, qui savaient apprécier très bien tout son mérite et sa grande bravoure, l'appelèrent à leurs conseils et surent tenir compte de ses avis.

A l'armée du Rhin, La Tour d'Auvergne se distingua, comme aux Pyrénées, par de nombreux traits de valeur, mais son séjour ne put y être bien long, car le traité de Campo-Formio mit fin, cette année même, aux hostilités entre la France et l'Autriche.

Revenu à Passy, La Tour d'Auvergne fit enfin paraître la nouvelle édition de ses

Origines gauloises, et reprit son existence
et ses anciennes habitudes, comme il
vivait auparavant, d'une manière toute
simple et retirée. Mais une nouvelle coalition de l'Europe allait mettre la République en danger. Les défaites de Stokach
et de Magnano révélèrent une situation
gravement compromise, que les désastres
de la Trebbia et de Novi vinrent encore
aggraver. La Tour d'Auvergne, dès la réquisition qui aurait dû comprendre le
fils de Le Brigant, était reparti pour l'armée de Masséna. Ce général tenait en
main, à ce moment, la destinée de la
France : placé, en Suisse, devant couvrir
tous les passages, de Bâle au Saint-
Gothard, il avait en face de lui des Russes,
des Autrichiens et des Bavarois, plus, un
corps d'émigrés. Les ennemis étaient supérieurs en nombre, enhardis par de récentes victoires, mais divisés en deux
masses principales, qui n'avaient pas
encore opéré leur jonction.

Masséna se hàta de prendre l'offensive,
avant que les dix-huit mille soldats de
Souwaroff eussent joint les cinquante-
cinq mille hommes de Korsakoff et de
Hotze. Il montra à cette occasion le génie
d'un grand capitaine, et fut d'ailleurs ad-
mirablement secondé par ses lieutenants,
entre autres Lecourbe, Soult, Mortier,
Gudin, Lorges, Molitor. Le 3 vendémiaire an VIII (25 septembre 1799), Masséna passa la Limmat à Dietikon, culbuta
l'ennemi, fit remonter la rivière derrière
Zurich par Oudinot, et jeta Mortier et
Klein contre la ville elle-même, défen-
due par les Russes. Le résultat de cette
première journée fut d'enfermer l'ennemi
dans Zurich. Le lendemain, 4 vendémiaire, l'entrée de la ville est forcée;
Korsakoff, désespéré, s'ouvre un sanglant
passage par la route de Winterthur, mais
perd huit mille hommes, est obligé
d'abandonner cinq mille prisonniers, cent
pièces de canon, tous ses bagages, et ne

peut se replier sur l'Allemagne qu'avec treize ou quatorze mille hommes. De son côté, Soult passait la Linth, tombait sur les Autrichiens, leur livrait une bataille où le général Hotze était frappé mortellement d'une balle, enlevait toutes leurs positions, et les rejetait en désordre sur le Rhin.

Le même jour, Souwaroff, après avoir débouché de l'Italie et franchi les gorges malgré Lecourbe, qui lui tua beaucoup de monde, se trouvait arrêté dans la vallée de la Reuss, hérissée d'obstacles, et n'ayant d'issue possible pour lui, que les affreux passages du Schachtenthal. Il s'y engagea, obligé à tout moment d'abandonner ses canons, et de laisser dans la campagne des centaines de soldats mourant de froid et de fatigue. Le 8 vendémiaire, Masséna fondait sur l'armée épuisée de Souwaroff. Après de furieux combats au milieu des rochers et des neiges, les Russes rétrogradaient

de toutes parts, à travers des sentiers non
frayés, bordés de torrents et de précipices.
Souwaroff atteignit Coire avec dix mille
hommes seulement : les magnifiques
opérations de Masséna, connues depuis
sous le nom général de *bataille de Zurich*,
avaient sauvé la France d'un des plus
grands dangers qu'elle ait jamais cou‑
rus.

La Tour d'Auvergne fit bravement toute
cette rude et glorieuse campagne. Le
4 vendémiaire, il entra l'un des premiers
dans la ville de Zurich, et, non moins
clément dans le succès qu'intrépide dans
le combat, il sauva la vie à un nombreux
détachement de soldats russes, qui s'obs‑
tinaient à ne point se rendre et que
les grenadiers voulaient massacrer. Un
jeune tambour russe, d'un air résolu et
plein de franchise, résista plus longtemps
que les autres aux paroles de La Tour
d'Auvergne. Le brave capitaine le prit
lui-même par le bras, et, lui donnant une

tape sur la joue : « Rends-toi donc, lui dit-il, petit entêté ! »

La campagne de Suisse terminée, La Tour d'Auvergne revint en France, toujours aussi modeste, ne parlant jamais de lui, et s'occupant paisiblement à mettre en ordre quelques médailles romaines, recueillies dans cette dernière expédition. Il adressa plusieurs de ses trouvailles à son ami Le Brigant, qu'il remercia de lui avoir fourni l'occasion de se dévouer une fois encore au service de la patrie.

Le 18 Brumaire venait d'avoir lieu. Bonaparte était Premier Consul. C'est à ce moment que le Sénat prit l'initiative de faire entrer La Tour d'Auvergne au Corps législatif comme député du Finistère.

La Tour d'Auvergne fut nommé sans être consulté, mais à peine averti de son admission à la législature, il refusa, alléguant qu'il doutait de ses capacités administratives, et que d'ailleurs, il pouvait être appelé à combattre encore aux frontières de la République :

« Mon poste, à moi, est aux armées, ajouta-t-il ; je ne puis en même temps me battre et faire des lois ; je ne veux en ce moment faire qu'une chose, observer ces lois et les défendre. Si la France jouissait de la paix, je n'aurais pas hésité à servir encore mon pays dans le sein du Corps législatif ou du Sénat ; mais l'instant n'en est pas arrivé... »

Par suite de ce refus, qui indiquait une résolution bien arrêtée de sa part, La Tour d'Auvergne fut remplacé par Devismes au Corps législatif.

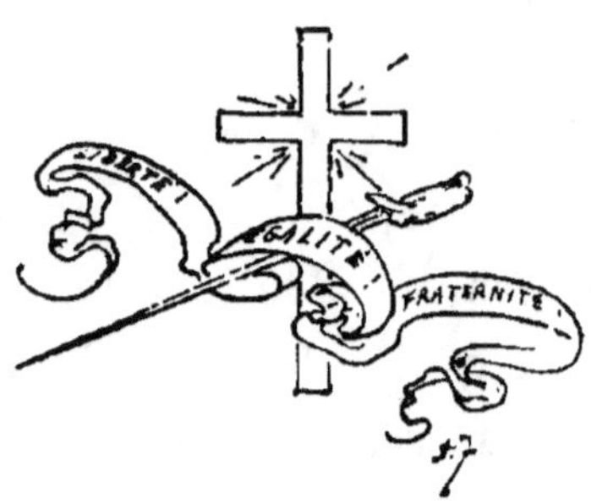

<h2 style="text-align:center">CHAPITRE VIII</h2>

<h3 style="text-align:center">LE RAPPORT DE CARNOT</h3>

Les longs et vaillants services de La Tour d'Auvergne méritaient cependant une récompense exceptionnelle, et le Premier Consul cherchait un moyen de forcer la modestie du héros, qu'aucune offre n'avait encore pu tenter, ni les grades,

ni la fortune, ni l'honneur des fonctions
publiques.

Carnot, alors ministre, présenta à
Bonaparte un rapport sur la carrière de
La Tour d'Auvergne, et, sur la lecture
de ce rapport, le Premier Consul décerna
à l'ancien capitaine de grenadiers le titre
unique de *Premier Grenadier des armées
de la République française.* Ce titre, élevé
entre tous, n'a jamais été porté que par
La Tour d'Auvergne. Il résume la bravoure comme le désintéressement de
l'homme à qui il fut décerné; il dit également toute une période héroïque, une
épopée entière de gloire, l'âge des victoires
libératrices, de Jemmapes à Hohenlinden,
de Fleurus à Marengo.

A cette distinction extraordinaire était
attaché le don d'un *sabre d'honneur.* La
Tour d'Auvergne en fut avisé par une
lettre de Carnot, qui contient le rapport
même adressé au Premier Consul.

« *Le ministre de la guerre au citoyen La Tour d'Auvergne-Corret.*

« 5 floréal an VIII.

« En fixant mes regards sur les hommes dont l'armée s'honore, je vous ai vu, citoyen, et j'ai dit au Premier Consul :

« La Tour d'Auvergne-Corret, né dans
« la famille de Turenne, a hérité de sa
« bravoure et de ses vertus.

« C'est un des plus anciens officiers de
« l'armée : c'est celui qui compte le plus
« d'actions d'éclat. Partout les braves
« l'ont surnommé le plus brave.

« Modeste autant qu'intrépide, il ne
« s'est montré avide que de gloire et a
« refusé tous les grades.

« Aux Pyrénées-Orientales[1], le général
« commandant l'armée rassembla toutes
« les compagnies de grenadiers, et, pen-

1. C'est *Occidentales* qu'il faudrait. Mais l'erreur ne tire pas à grande conséquence.

« dant le reste de la guerre, ne leur donna
« point de chef. Le plus ancien capitaine
« devait commander: c'était La Tour d'Au-
« vergne; il obéit, et bientôt ce corps fut
« nommé, par les ennemis, la colonne
« infernale.

« Un de ses amis n'avait qu'un fils
« dont les bras étaient nécessaires à sa
« subsistance; la conscription l'appelle;
« La Tour d'Auvergne, brisé de fatigues,
« ne peut travailler, mais il peut encore
« se battre. Il vole à l'armée du Rhin,
« remplace le fils de son ami, et, pendant
« deux campagnes, le sac sur le dos,
« toujours au premier rang, il est à toutes
« les affaires, et anime les grenadiers par
« ses discours et par son exemple.

« Pauvre, mais fier, il vient de refuser
« le don d'une terre que lui offrait le
« chef de sa famille; ses mœurs sont
« simples, sa vie sobre; il ne jouit que du
« modique traitement de capitaine à la
« suite, et ne se plaint pas.

« Plein d'instruction, parlant toutes les
« langues, son érudition égale sa bra-
« voure, et on lui doit l'ouvrage intéres-
« sant intitulé les *Origines gauloises.*

« Tant de vertus et de talents appar-
« tiennent à l'histoire; mais il apparte-
« nait au premier Consul de la devan-
« cer. »

« Le Premier Consul, citoyen, a entendu
ce récit avec l'émotion que j'éprouvais
moi-même, il vous a nommé sur-le-champ
PREMIER GRENADIER DES ARMÉES DE LA RÉ-
PUBLIQUE et vous a décerné un sabre
d'honneur.

« Salut et fraternité.

« *Signé :* CARNOT. »

Ce rapport, on le voit, ne relatait que
sommairement les titres de La Tour
d'Auvergne à une récompense si enviable.
Mais il résumait pourtant à merveille,
dans son éloquente concision, toute la
carrière militaire du héros. Il associait

31

à jamais, plus solennellement que les parchemins et les attestations généalogiques, le nom de Théophile-Malo Corret au souvenir du grand Turenne, l'humble capitaine de grenadiers de la Révolution à l'illustre homme de guerre de la vieille monarchie française. Devant l'Europe comme devant la France, il proclamait La Tour d'Auvergne *Premier Grenadier des armées de la République*. Deux lignes de ce rapport caractérisent pour l'avenir la vie entière de l'humble et vaillant Breton : « Partout, les braves l'ont surnommé le plus brave ».

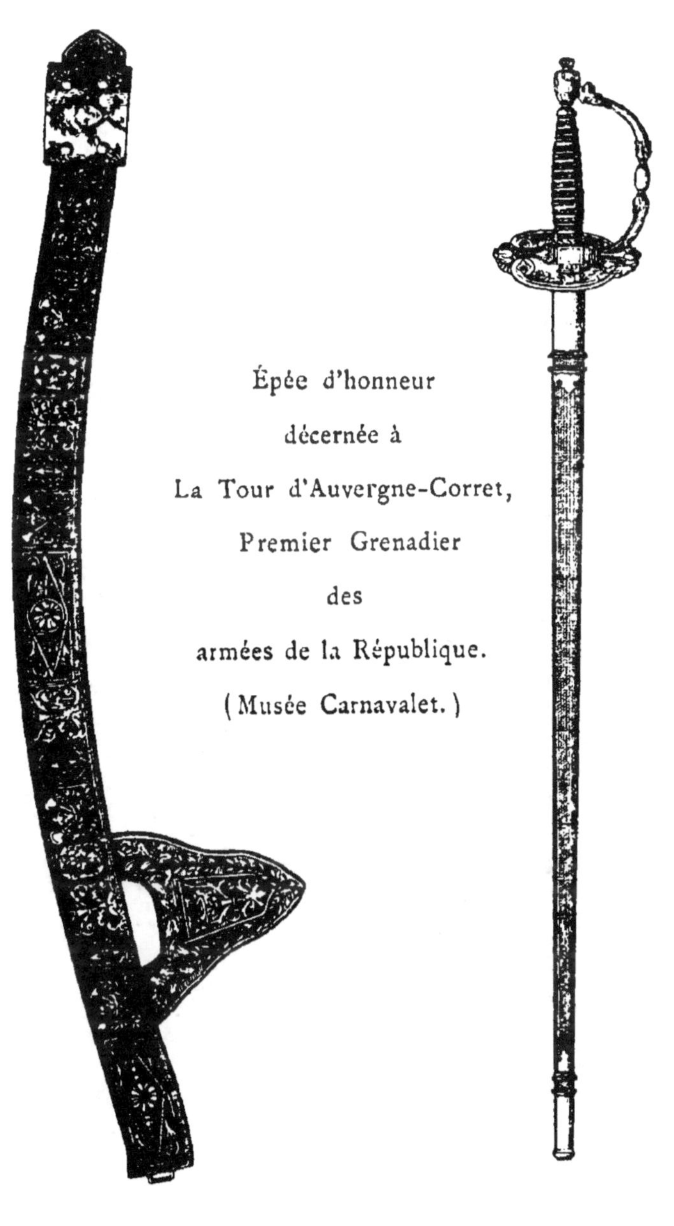

Épée d'honneur

décernée à

La Tour d'Auvergne-Corret,

Premier Grenadier

des

armées de la République.

(Musée Carnavalet.)

Lettre autographe de La Tour d'Auvergne-Corret.
(Musée Carnavalet.)

CHAPITRE IX

AVANT LA DERNIÈRE CAMPAGNE

La Tour d'Auvergne souffrit vivement
dans son extrême modestie en apprenant,
par la lettre de Carnot, que Bonaparte
venait de le nommer *Premier Grenadier
de France*. Tandis que l'armée et la nation acclamaient la décision du gouvernement, il déclarait n'avoir rien fait de plus

que mille autres braves. «Non, mes amis, disait-il à ses intimes, accourus pour le féliciter, je ne puis comprendre le titre que le Premier Consul me décerne. La distinction dont on m'honore me paraît injuste et impolitique : injuste, parce qu'il est fort douteux que je sois le plus brave ; impolitique, parce que la palme du courage devrait toujours rester indécise. »

Au ministre de la guerre (Lacuée remplaçait Carnot par intérim), il écrivit la lettre suivante :

« *Le citoyen La Tour d'Auvergne-Corret, au ministre de la guerre Lacuée.*

« Citoyen ministre,

« Mon cœur est oppressé ; votre lettre m'a trouvé plongé dans la plus profonde douleur ; je n'ai plus d'espoir que dans les changements que le Premier Consul voudrait bien apporter à ses dispositions en ma faveur, dans le brevet d'honneur

que vous m'annoncez m'être destiné. Il
m'est impossible de soutenir l'idée, que
mes titres à ce brevet restent fondés sur
un mérite et des qualités que ma pensée
repousse avec réluctance, et que je me
contesterai, jusqu'au dernier de mes
jours. Une attention convenable, donnée
en cette circonstance à ce que ma position
a de cruel et de pénible, ferait honneur
au cœur sensible du Premier Consul ; le
vôtre en sera également touché. Vous
connaissez le mien, citoyen ministre, et
ce qu'il est capable d'éprouver, au moment où je vous réitère ici combien respectueusement vous est attaché,

> « Le citoyen LA TOUR D'AUVERGNE-
> CORRET. »

A tous ceux qui le félicitaient sur l'honneur insigne dont il venait d'être l'objet,
il répondait toujours qu'il ne pouvait
accepter le titre éclatant de Premier Grenadier de France, que le Premier Consul

lui avait décerné, attendu que ce témoignage le plus élevé du courage militaire devait toujours rester indécis entre tous les guerriers français qui cherchent à le mériter, car on ne croirait jamais qu'il pût n'appartenir qu'à un seul. Quant au sabre d'honneur, s'il l'acceptait, c'était pour le montrer à l'ennemi et contribuer avec ses braves frères d'armes à conquérir la paix dans cette glorieuse campagne.

Quelques jours après, La Tour d'Auvergne recevait ce sabre d'honneur. La pièce suivante en fait foi :

« Versailles, le 4 prairial an VIII.

« *Le Conseil d'Administration de la manufacture d'armes de Versailles,*

« *Au Ministre de la guerre,*

« Citoyen Ministre,

« Nous avons l'honneur de vous faire remettre l'*épée de bataille* destinée pour le capitaine La Tour d'Auvergne, ainsi

que le porte votre lettre du 17 floréal. —
Cette épée est en vermeil, garnie d'un
ceinturon richement brodé en or, et d'une
plaque enrichie d'une tête de Victoire et
de grenade ; plus une dragonne en or du
grade de capitaine.

« Salut et respect,

« *Signé :* BROU ET BOULET. »

Il est presque inutile d'ajouter que
La Tour d'Auvergne refusa le traitement
attaché au titre qui lui fut décerné,
et n'accepta le sabre qu'on lui avait
envoyé que pour s'en bien servir contre
l'ennemi.

Une campagne nouvelle était enga-
gée contre l'Autriche. La Tour d'Auvergne y pouvait facilement prendre
part, car, à de nouvelles sollicitations
de Le Brigant, qui redemandait l'exemption de son jeune fils, il avait ré-
pondu, deux mois plus tôt, par la lettre
suivante :

« Passy-sur-Seine, 8 germinal an VIII.

« Il n'est pas en mon pouvoir, mon
cher compatriote, de vous rendre le service que vous me demandez ; ceux que
l'on obtient dans ce pays ne sont nullement en proportion de ce qu'ils coûtent.
On ne les achète qu'à un prix capable
d'effrayer, et que par mille et mille démarches, le plus souvent infructueuses et
toujours humiliantes. Ils deviennent, de
la part de ceux qui consentent à les recevoir, des gages de leur déférence et de
leur entière soumission à ceux qui les
accordent...

« ... Je ne vois, je n'approche et n'écris
plus à aucune personne en place. Tout
ce qui est en mon pouvoir, tout ce qui
n'est pas étranger à moi, je l'offre à mes
amis avec plaisir : dans ces sentiments,
vous pouvez vous prévaloir auprès du
Premier Consul de ma lettre et de ma
détermination que j'exprime de retourner

de nouveau dans les rangs de nos valeu-
reux défenseurs ; d'y servir une 3ᵉ campagne, comme volontaire. Si à ce prix il
consent de vous laisser jouir du bienfait
qui vous a été accordé par ses prédéces-
seurs, et aime à faire des heureux, il est
bien assuré, dans cette circonstance,
d'en faire deux à la fois : vous, en vous
assurant la possession de votre fils, devenu l'unique soutien de votre vieillesse,
et moi, par l'inexprimable plaisir que
j'éprouverai d'avoir contribué à ce nouvel
acte de justice et de bienfaisance de la
part du premier magistrat de la République.

« Le citoyen LA TOUR D'AUVERGNE-
CORRET. »

Cette demande de remplacement avait
été accueillie, et dans les premiers jours
de prairial an VIII (juin 1800), un peu
plus d'un mois après sa nomination
de Premier Grenadier de France,

La Tour d'Auvergne recevait une lettre
de Carnot lui demandant de se sacrifier
encore une fois au service de la Patrie, et de
donner l'appoint moral de sa présence et
de son nom aux troupes qui combattaient
en Allemagne.

La Tour d'Auvergne accepta avec un
généreux enthousiasme le désir de Carnot ; il répondit au ministre de la guerre
*qu'il était prêt, jusqu'au dernier soupir,
à verser son sang pour la France, et que
chaque fois qu'elle lui ferait appel, il serait toujours de la première réquisition.*

Simples et admirables paroles ! Il pres-
sentait que c'était sa dernière campagne
et faisait le sacrifice de sa vie en héros
chrétien.

Il prit ses dispositions pour partir au
plus tôt, et adressa quelques lettres
d'adieu à ses amis les plus intimes. A l'un
il envoya la tasse qui lui servait aux Pyrénées, en 1793, avec ces lignes émues :
« Rappelez-vous, mon cher camarade,

La Tour d'Auvergne... nous étions amis... ma carrière va finir... L'armée est ma famille, et c'est au sein de ma famille que je dois mourir! Toujours en paix avec ma conscience, j'ai été toujours heureux. »

Dans une autre lettre, on trouve ce passage, non moins beau que le précédent : « Je pars comblé des grâces du gouvernement. Il croit que je vaux encore un coup de fusil. Il m'a jeté le gant : en bon Breton, je l'ai relevé. Je vais rejoindre l'armée de Moreau, mon ami, mon compatriote... Je retrouverai là mes anciens camarades, les grenadiers de la 46e. Cette épée d'honneur, je la montrerai de près à l'ennemi ; j'inspirerai à mes frères d'armes le désir d'obtenir la même récompense : à cinquante-sept ans, la mort la plus désirable est celle d'un grenadier sur le champ de bataille, et j'espère que je l'y trouverai. »

Enfin, dans une lettre au général Moncey, son plus ancien compagnon d'armes, La Tour d'Auvergne écrivit ces quelques mots significatifs :

« Mon destin est de finir sur les champs de bataille ; mon titre de Premier Grenadier de France est un brevet de mort. »

Ayant acquitté à l'avance la rente qu'il faisait, dans sa charité inépuisable, à une famille atteinte par le malheur, et dont nous avons parlé plus haut, La Tour d'Auvergne remit à l'un de ses amis les meilleurs, Eloi Johano, son testament, fermé et cacheté de noir. Cette journée se passa en une longue conversation entre les deux amis.

Le Premier Grenadier de France devait partir le lendemain pour l'armée, à cinq heures du matin. A quatre heures, les frères Paulian, chez qui il demeurait à Passy, entrèrent dans sa chambre pour le réveiller. La Tour d'Auvergne était à genoux près de son lit, le front dans ses mains ; il priait.

CHAPITRE X

MORT AU CHAMP D'HONNEUR

Le 21 juin 1800, le Premier Grenadier
de France rejoignait l'armée du Rhin
commandée par Moreau. En arrivant, il
alla trouver le chef d'état-major de Moreau,
le général Dessoles, son ami, et demanda
à être placé dans la 46ᵉ demi-brigade, à
laquelle il avait autrefois appartenu, et

que commandait alors Forti. On ne peut aujourd'hui relire sans émotion cette campagne de 1800, l'une plus belles qu'aient jamais faites les armées françaises, et la dernière de celles où la gloire militaire fut accompagnée et comme agrandie par la pratique des vertus républicaines des soldats et des généraux.

Six jours après l'arrivée de La Tour d'Auvergne à l'armée, le 27 juin 1800, l'avant-garde française heurta les avant-postes autrichiens, non loin du Lech, à une lieue environ de Neubourg (Bavière). Le général Montrichard s'aperçut bientôt qu'il allait avoir affaire à un gros de troupes ennemies, sur lesquelles les avant-postes s'étaient repliés, et que soutenaient huit pièces de canon. Le combat devint acharné près des villages d'Unterhausen et d'Oberhausen ; les Autrichiens avaient élevé des retranchements, et les tentatives de Montrichard eussent été impuissantes, si le général

Mort de La Tour d'Auvergne.

Lecourbe n'était accouru avec des renforts.

La 46e demi-brigade se trouvait au plus
fort de la mêlée : il pouvait être dix heures du soir, quand elle fut assaillie par
une charge de la cavalerie autrichienne.

Forti, qui commandait la 46°, tombe
sabré par les hussards ennemis. La Tour
d'Auvergne le remplace aussitôt, et le
combat continue; pas un coup de fusil
n'est tiré, on se bat à l'arme blanche,
dans une obscurité profonde. La Tour
d'Auvergne, au premier rang des grenadiers, croise la baïonnette contre les cava-
liers autrichiens. Soudain un hulan lui
envoie un furieux coup de lance. Le fer
a touché..., la hampe se brise par la violence du choc. Frappé au cœur, le Premier Grenadier de France s'affaisse entre
les bras de ses camarades.

On le traîne en arrière des rangs, on
arrache sa tunique, déjà tout ensan-
glantée; on veut lui prodiguer des soins,

hélas! la blessure est mortelle! « Je meurs satisfait, murmure le héros; j'avais toujours désiré terminer ainsi ma carrière. »

Ainsi mourut La Tour d'Auvergne, à l'âge de cinquante-sept ans. Au moment où il tomba, la cavalerie autrichienne commençait un mouvement de retraite, et ses derniers regards virent le succès des armes françaises. Quelle mort plus belle peut rêver un soldat?

Le lendemain 28 juin, l'armée, dans un deuil général, procéda à l'ensevelissement du Premier Grenadier de France. Le cœur du héros fut déposé dans une urne, et le corps, enveloppé de verts rameaux de chêne, fut porté par les grenadiers, à l'endroit même où avait eu lieu le combat de la veille. Généraux, officiers et soldats, tout le monde éprouvait la plus profonde émotion; plus d'un assistant ne pouvait retenir ses larmes. Lorsque le corps de La Tour d'Auvergne fut arrivé au bord de la fosse creusée pour le recevoir, les grenadiers présentèrent les armes, et, comme les porteurs hésitaient sur le sens où ils le devaient placer, une voix s'éleva des rangs :

« Face à l'ennemi ! »

Le surlendemain de la fatale journée où périt La Tour d'Auvergne, le général Dessoles, au nom du commandant en chef Moreau, rédigeait l'ordre du jour suivant :

« Augsbourg, le 11 messidor an VIII.

« MES CAMARADES,

« Le brave La Tour d'Auvergne a trouvé une mort glorieuse dans les combats livrés, le 8 messidor, sur les hauteurs, en avant de Neubourg. Le Premier Grenadier des armées de la République est tombé percé d'un coup de lance au cœur. Ses yeux mourants ont vu fuir l'ennemi ; il a expiré satisfait.

« Les soldats à la tête desquels il com-

battit si souvent lui doivent un témoi-
gnagne de regrets et d'admiration ; en
conséquence, le général en chef ordonne :

« 1° Les tambours de grenadiers de
toute l'armée seront, pendant trois jours,
voilés d'un crêpe noir ;

« 2° Le nom de La Tour d'Auvergne
sera conservé à la tête du contrôle de la
46ᵉ demi-brigade, où il avait choisi son
rang. Sa place ne sera pas remplie, et
l'effectif de sa compagnie ne sera plus
désormais que de quatre-vingt deux
hommes ;

« 3° Il sera élevé un monument sur les
hauteurs, en arrière d'Oberhausen où La
Tour d'Auvergne a été tué. Les restes du
chef de brigade Forti, commandant la
46ᵉ et qui a été tué à ses côtés, après
avoir fait des prodiges de valeur, y seront
aussi déposés ;

« 4° Ce monument, consacré aux vertus et au courage, est mis sous la sauvegarde des braves de tous les pays. »

CHAPITRE XI

HONNEURS RENDUS
A LA MÉMOIRE
DE LA TOUR D'AUVERGNE

Tandis que Dessoles adressait au ministre de la guerre un extrait de l'ordre du jour de l'armée du Rhin, Moreau écrivait également à ce même ministre pour déplorer la perte de La Tour d'Auvergne. Une lettre du général de brigade Lanchantin, qui succéda à Forti, contient aussi des détails sur la mort et les funérailles du héros.

Le monument élevé à l'endroit où La Tour d'Auvergne était tombé se composait d'un grand sarcophage de pierre, placé sur plusieurs lits de gazon ; à l'entour, des bornes étaient réliées par des chaînes en fer. Moreau le fit consacrer, le 21 août suivant, par le clergé catholique d'Oberhausen. Ce monument a depuis toujours été respecté. En 1837, le roi de Bavière tint même à honneur de le faire entièrement réparer. Le corps de La Tour d'Auvergne n'y a pas été déposé seul ; près des restes du Premier Grenadier de France ont été placés ceux du chef de brigade et de deux braves grenadiers, frappés le 9 messidor aux côtés du héros.

Le Premier Consul Bonaparte voulut, en outre, que le souvenir de La Tour d'Auvergne demeurât toujours en honneur dans l'armée et particulièrement dans la